ダウン症者の思春期と性

カナダ・ダウン症協会編
阿部順子訳 飯沼和三監修

同成社

訳者まえがき

　この本はカナダダウン症協会がダウン症の若者と親、介助者のために出版したものです。この本と出会ったとき、昔ミッションスクールで教育を受けた私はイラスト入りの説明にいささかたじろぎました。日本では果たして若者が自分で学ぶ思春期から大人にかけての性について、これほどくわしく書いてある本があるだろうか。カナダでは性についての教育をこのように率直にしているのだろうか。これは大変なものを引き受けてしまったかとも思いました。けれど翻訳を進めるうちにこの本の意図がはっきり分かりました。障害を持つ若者が性についての正しい知識を持ち、自分を大切にするすべを学ぶことはとても大切です。心ない人による性的な被害を防ぐことにもつながるかもしれません。

　性をオープンにすることは、以前はタブーとされていました。また、女性の性に対する意識が暴走の歯止めとなり、そこから性的なモラルも生まれていたようです。いまはどうでしょうか。フリーセックスの時代と言われ、結婚前にセックスを経験する男女が大多数だそうです。いわゆる「出来ちゃった婚」もかなりの部分を占めています。時には人前で、見ている方が目を背けたくなるような行為に及ぶ若者も珍しくありません。女性だけに純潔を求める以前の風潮が良いというのではありませんが、プライベートとパブリックのけじめはとても大切です。自分と自分の大切な人の体と心を大切にする気持ちをもってほしいと願っています。

　性がオープンに自由になった時代だからこそ、それに伴う規律と

責任も当然自覚されなくてはなりません。この本はダウン症を持つ若者のために書かれてはいますが、自分を尊重し相手も尊重すること、人前で許されることとそうでないこと(パブリックとプライベートのけじめ)、セックスをするための条件と注意、妊娠と出産、セックスに伴う責任など、ダウン症を持つ若者だけでなく全ての若者に、また思春期のお子さんを持つ親御さんや学校の先生方にも読んでいただけたらと思っています。

　カナダ・ダウン症協会出版の原書は9冊の小冊子からなっていましたが、日本語版では一冊にまとめ、それぞれを章として分けました。また生殖器官の名称などは最初に出た言葉以外は、日常的に理解しやすい方の言葉で統一しました。言葉使いも、親や介助者を対象とした第1章以外は、子供たちに直接語りかける形式になっているために、なるべくやさしい言葉使いを心がけたつもりです。オープンになったとはいえ、親として子供の性教育をどのようにしたらよいか迷うときもあるでしょう。そんなときこの本がお役に立てば幸いです。

　この本の翻訳を勧めて下さり、また監修をして下さいました飯沼和三先生に心からお礼を申し上げます。

　　　　2004年早春

　　　　　　　　　　　　　　　　　　　　　　　　阿部順子

目　次

訳者まえがき

第1章　ダウン症をもつ若者の性と異性関係について　*3*

第2章　他の人とつきあうには　*23*

第3章　「女の子」から「女性」へ　*33*

第4章　「男の子」から「男性」へ　*53*

第5章　妊娠と性感染症（性病）　*63*

第6章　肉体関係と結婚　*73*

第7章　性的被害について　*85*

第8章　マスターベーションとプライバシー　*91*
　　　　＜女の子の場合＞

第9章　マスターベーションとプライバシー　*99*
　　　　＜男の子の場合＞

参考になる本　*107*

＜付＞ダウン症青年の性教育への提唱（飯沼和三）　*111*

第1章

ダウン症をもつ若者の性と異性関係について
―― 親と介助者のために ――

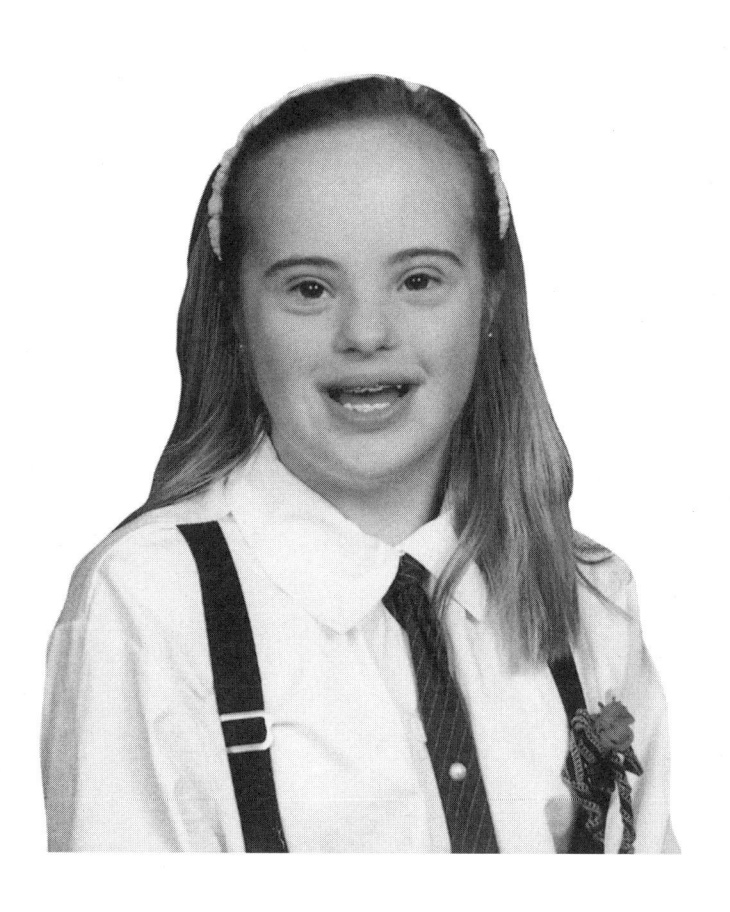

思春期は若者が成長と発達をとげるときです。大人への過渡期であるこの時期は、お子さんにはあなたの助けと愛情と理解が必要となります。お子さんは子供の世界から大人の世界へと踏み出そうとしているのですから。思春期の子供たちが友情をはぐくみ、独立心を持ち、青年としてのアイデンティティーを確立するためには自己イメージが重要なポイントになります。

　性的アイデンティティーは個人としての自己の存在に大きな役割を果たします。人のセクシュアリティーには個人の自己評価、対人関係、デートや結婚に関する社交的な経験、性の物理的な面を含みます。あなたの息子さんや娘さんと性について話し合う場合、お子さんのニーズや理解力に合う方法をとらなくてはなりません。オープンで率直な話し合いが健全な性の意識を育て、望まぬ妊娠や性病を防ぎ、性的被害を防ぐのに役立ち、性行為に関する他の問題を多少とも解消する助けとなります。

　思春期の子供を育てるのはやりがいがあると同時にいらだたしい思いをすることもあります。ダウン症の青少年の親もこの点に関して例外ではありません。この章は思春期に典型的なセクシュアリティーや異性関係の問題に関する基本的な情報を親や介助者に提供する目的で書かれました。

思春期の性

質問： 私の娘や息子は思春期に性的な感情を経験するのでしょうか？

　これまで知的障害がある者は永遠に子供と同じであると間違って信じられてきたので、ダウン症の青少年にとって性は問題にされませんでした。事実は、ダウン症のすべての人が性的感情を持ち、また、親密な異性関係も求めているのです。これらのニーズを認識し、あなたのお子さんが思春期に経験することの一つとして心の準備をしておきましょう。

質問： 私の娘や息子は他の青少年と同様の肉体的発達をするのでしょうか？

　ダウン症の子供たちは同年代の他の子供たちと同様に、思春期に伴う一連の肉体とホルモンの変化を経験します。彼らの肉体的発達は暦年齢とほぼ一致するでしょう。例えば、一般的には女子は11歳頃に胸と陰部と脇毛が発達し始めます。２、３年後に男子はひげや体毛が生え始め、声変わりがはじまります。

質問： 思春期の娘や息子にとって性に関するどんな情報が役に立つでしょうか？

　お子さんの役に立てるには、あなたが与える情報がお子さん個人にあったもので、お子さんが理解しうるものでなければなりません。性の物理的、生殖的な点だけでなく、プライバシーや自分と他人を尊重することにも関心を向けさせなければなりません。理想的な教育をすれば、あなたのお子さんは異性との関係、性交、子育てが実際に起こる現実的なことであり、社会的に受け入れられることだと、きちんと理解するでしょう。
　性教育は思春期前の子供の時から順を追って進めるべきです。オープンにしてごまかさず、直接話し合うことが大切です。性の問題に詳しい専門家を地域で捜すのも良い考えです。社会福祉や医療、教育の分野における性の専門家

は、情報や支援を求める者にとって良い助けとなります。

質問： 思春期にマスターベーションを行うのは正常でしょうか？

マスターベーションは正常で健康な性の表現です。あなたのお子さんに肉体的な害を及ぼすものではありません。しかしながら、これは自分の寝室などで人知れず行うべき非常にプライベートな行為であることをはっきり理解させておくことが大切です。

質問： ダウン症を持つ人にとって疾病予防の必要性が特にあるでしょうか？

ダウン症を持つ男女も、性病の罹患性は他の人々と同じです。セックスの際のコンドーム使用がエイズやヘルペス、他の性病などを予防する最もよく知られた方法です。ですから、男の子と女の子の両方にコンドームの正しい使い方を教えることをぜひおすすめします。

質問： 性的虐待から息子や娘を守るにはどうすればよいでしょうか？

自分を守るための行動について子供の時から年齢に応じ

た教育を始め、その後もずっと強化してゆくことが非常に大切です。ダウン症を持つ人々に社会生活の場での正常な身体的関わり合いの限界を教えると共に、必要なときに自分から助けを求める術を教えておかなくてはなりません。

　愛のある健全な関係と性的いたずらの違いをお子さんが分かるように教えておくことが重要です。

　肯定的な自尊心と良いソーシャルスキルを持つことは、お子さんが健全な異性関係を結ぶための役に立ちます。

質問：　思春期の私の子供にどのように健全な性を奨励すればよいでしょうか？

　あなたのお子さんに健全な性の表現をもたらす環境は、性や異性関係についてのオープンなコミュニケーションと教育を通して作り出すことが出来ます。人前での（パブリックな）行動と、一人でいるときの（プライベートな）行動の違いを理解する能力が重要になります。同様に自分や他人に正しく触れることや、知らない人や友達にどうやって挨拶するかを覚えることも大切です。

　自分の体に満足してそれを受け入れ、起こる変化を理解し、自分に自信を持つことは、すべて性に関する肯定的な見方を育てる大切な要素です。強い自尊心と社交的な関係と個人的な関係を理解することはすべて、性的親密さに対する要望がどのように満たされるかを左右します。

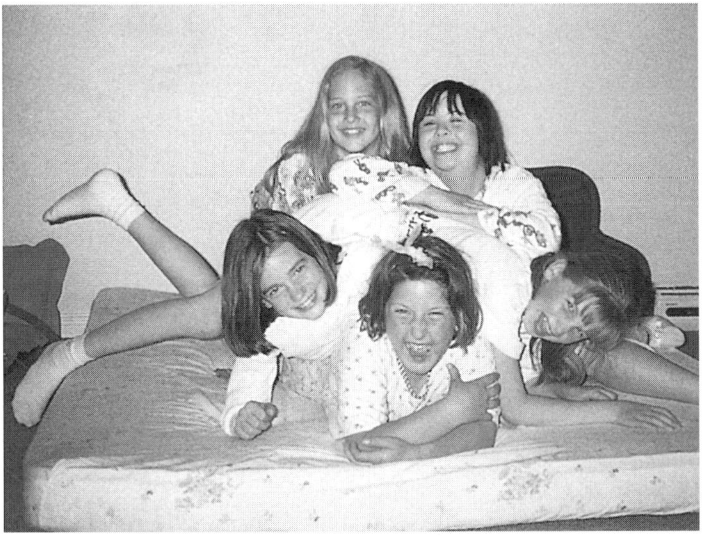

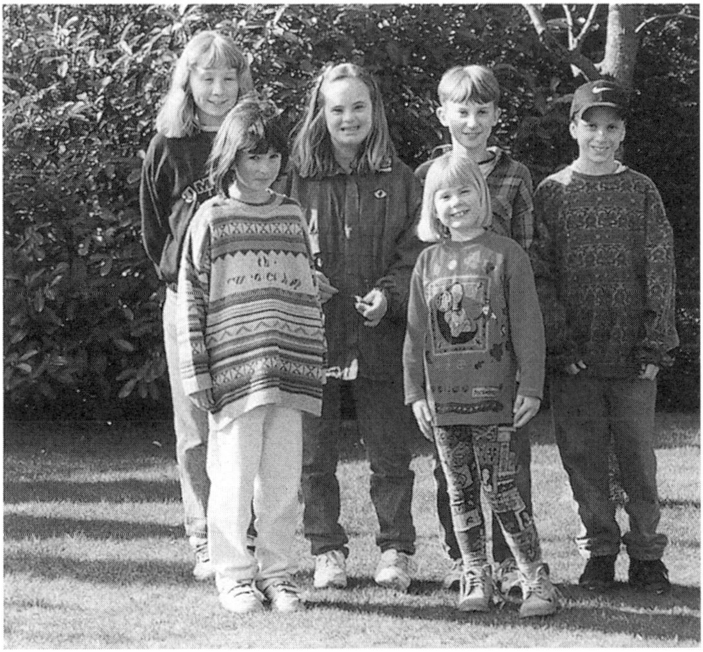

Look at Me
こっちを向いて

どうしてみんなは私をちゃんと見てくれないの？
みんなが私の気持ちを傷つけ、からかい、私は泣き出す。

みんなは私に廊下で歌えとか、男の子に好きですと言えとかいう。
みんなに好かれて友達になりたいと、私は言われたとおりにする。

するとみんなは私のことを告げ口し、私はトラブルに見舞われる。

どうしてみんなは私を分かってくれないの？
私もみんなと同じに感情があり、
望むこともみんなと同じ
ボーイフレンドや、きれいになることも

何で私が他の女の子と同じにしてはいけないの？
私は小さい子供ではないのに
悪態をついたり、授業をさぼると
すぐに母に言いつける

何で私は他の人と同じにしてはいけないの？
私も同じ人間なのよ

───リサ・ミッチェル───

女性の性

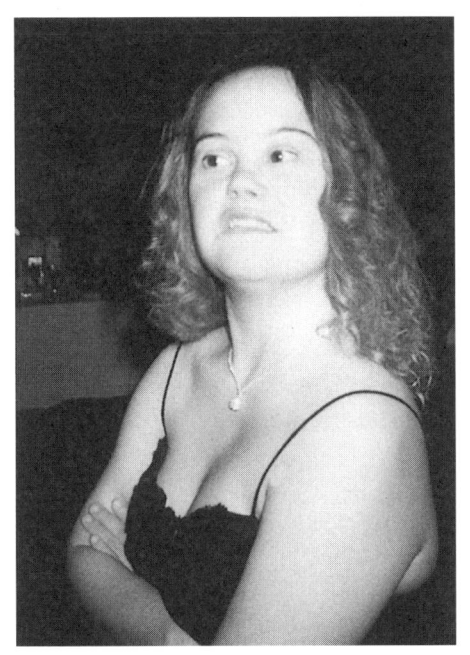

リサ・ミッチェル

質問: 私の娘も正常に生理があるでしょうか。

　　ダウン症の女性の生理は他の女性と全く変わりません。平均的な女性の生理開始は10歳から14歳の間です。ダウン症の女性のほとんどは生理が順調か、あるいは同年代の女性同様多少の不順があります。適切に指示をすればほぼ全員が自分で生理時の対応をすることが出来ます。

質問： もし娘にひどい生理不順があれば、妊娠以外にどんな問題があるのでしょうか。

生理期間が一定になる前の不順は年とともに正常になりますが、甲状腺機能低下症が起きている場合もあります。生理不順がつづくようなら医学的検査を受ける必要があります。

質問： 娘は避妊の必要があるでしょうか。

ダウン症の女性の少なくとも半数は排卵と受精が可能です。ダウン症の女性はどのような避妊法も選ぶことが出来ます。選択する避妊法は、各自の好みや、その避妊法を効果的に活用できる能力や副作用の可能性によって決まります。避妊や家族計画について両親が情報やアドバイスを与えることが不可欠です。

質問： 婦人科の診察を受けさせるのはいつ頃がよいでしょうか。

若い女性なら18歳でヴァギナと子宮頸部のパパニコロースミアと膣鏡診を受けるべきです。娘さんが性的に早熟であればもっと早い時期に受けさせなくてはなりません。
年一度の乳房検査も低年齢から始めるべきです。乳房の自己検査法も教えておきましょう。多くの若い女性が婦人

科の医師に診察に行くことに不安を感じています。娘さんに医師の検査がどんなものかを話しておくことが大切です。娘さんの恐れや疑問を受け止めましょう。また、もっと気楽に婦人科受診が出来るように、蛙脚ポジショニング（脚を下げ気味に開く）、双手診に指1本を使うなど、医師が出来ることがあります。

　あなたや娘さんに診察のやり方を納得行くように説明し、娘さんにデリカシーを持って接してくれる医師を選びましょう。

質問：　娘が妊娠した場合、ダウン症の赤ちゃんが産まれる可能性はどのくらいでしょうか。

　ダウン症の母親から生まれる子供の35から50パーセントにトリソミー21か他の発達障害の可能性があります。

男性の性

質問： 私の息子は同じ年頃の子供たちより性的な発達が遅れるでしょうか。

　思春期の始まりは多少遅いかもしれませんが、重大なことではありません。生殖器の発達はダウン症を持たない男子のそれと変わりません。

質問： 私の息子に生殖能力があるでしょうか

　ダウン症を持つ男性の生殖能力についての科学的情報は多くありません。個人の生殖能力の状態は精液分析を行えば部分的な査定をすることは出来ますが、決定的なものではありません。ですから、もしカップルが妊娠を回避したいのなら常に避妊法を用いるべきです。

異性関係と自尊心

質問： 思春期のソーシャルスキル（社会的技能）はどの程度重要ですか。

　どんな若者にとっても同年代の仲間との関係はもっとも重要です。仲間意識が一番の関心事であることが多い時期です。親としてあなたができることは、思春期のお子さんがいろいろな社会環境を経験できるように、学校や教会、

部活動や地域の行事など、家庭の外で他の若い人々と接する機会をお子さんが持てるようにすることです。これらの活動が、あなたのお子さんの社会的能力に不可欠なコミュニケーションスキルを発達させるのに役立ちます。

自分の体は自分のものであり、その体に起きることを判断する力をお子さんは持っているのだということを思春期のお子さんに教えることもまた重要です。他人の個人空間を尊重すべきことも教えましょう。賢い選択と判断ができるように指導をしましょう。社会的に許容される行動か否かを判断するお手本はあなたであることを忘れないようにしなさい。

質問： 思春期によく見られるデートに対する興味や、典型的な気持ちの揺れを私の息子や娘も経験するのでしょうか。

ダウン症の若い人にも、思春期に特有な感情の変化が見られますし、社会的な要因によって変化が激しくなる場合もあります。仲間に受け入れられているという意識が誰の心も穏やかで安定したものにします。しかしながらあなたのお子さんの期待していることと周囲の若者のそれとが同じではない場合もあります。それが混乱やフラストレーション、拒絶心を起こさせることもあります。この時期には親はお子さんが前向きな気持ちを持ち続けられるように暖かく励ましてあげる必要があります。

地域に住み、学校に通い、テレビや新聞を目にする若者

は誰でも、性の意識に目覚めて行きます。ダウン症の少年少女や若い人たちがデートや結婚、親になることに関心を示すこともまれではありません。彼らは思春期の典型的な感情と外見の変化を経験することになるはずです。

質問： どうしたら思春期の子供の自尊心を高められるでしょうか。

　子供の自尊心や自信を高めるのに親が出来ることは色々あります。何かを決めたり問題を解決するときにはお子さんも参加させなさい。そうすることが自己決定能力や重要な事柄に対する判断力を養うのに役立ちます。いろいろな義務や仕事を割り当てれば、お子さんは達成感を経験し独立心を育てる機会を与えられます。
　思春期にあなたのお子さんは混乱し動揺する気持ちを経験するかもしれません。例えばあなたのお子さんが自分の気持ちに答えてくれない人に夢中になるかもしれません。これは挫折感をいだかせ、気持ちを傷つけられることになります。このような時、お子さんにはあなたの共感と理解が必要になります。
　思春期のあなたのお子さんにとってあなたは重要な存在なのです。お子さんがあなたに話しかけているときにお子さんにだけ注意を向けてあげることは、お子さんが話そうとしていることにあなたが関心を示しているのだというメッセージを送ることになります。お子さんの努力や成果を

ほめてあげなさい。あなたのお子さんが友人をつくり社会的技能を身につけられるような機会を作るようにしなさい。お子さんの参加する行事に興味を示してあげなさい。そして出来るときには一緒に参加しなさい。同時にお子さんのプライバシーや個人空間に対する権利を尊重することも大切です。

まとめ

- ダウン症を持つ人も、他の人と同様に性的感情を経験します
- ダウン症のティーンエイジャーも全ての青少年と同様に思春期の変化を経験しますが、ダウン症の男子はこれらの変化が多少遅れることもあります。
- 思春期には健全な自尊心が欠かせません。なぜなら思春期は自己のアイデンティティーが形成される時期だからです。思春期の子供の自信を育てるのに親の役割は大きいのです。
- ダウン症のティーンエイジャーは生殖が可能です。あなたのお子さんにはバースコントロール法と避妊についての教育がもっとも重要です。
- お子さんの肯定的な性の意識を育てるためには適切な教育をすることが望まれます。
- お子さんとオープンに話し合える関係を作り上げておけば、おたがいの信頼が増し、思春期に持ち上がる微妙な問題もスムーズに話し合えるようになるでしょう。

お子さんと性や異性関係を話し合う際に覚えておくと役に立つこと

- 体の各部分の正しい名称を使うように勧めると同時に、お子さんが理解できる言葉を使いましょう。
- 楽な気持ちで対応しましょう。
- 物事は単純に。あまり専門的になったり複雑にせず、基本的なことを教える方がお子さんが情報を理解できます。
- 思春期に起こる肉体的、感情的変化を前もって話し合っておきましょう。もしお子さんが思春期に伴う変化、例えば月経や夢精について承知していたなら、それが起こったときにお子さんは気持ちよくそれに対処する用意が出来るでしょう。
- 思春期のあなたのお子さんが経験している変化は正常なことです。すべての子供たちがこの変化を経験し、それはまた成長の一過程であることをお子さんに教えなさい。
- これまで述べたことや新たに起きてくる重要な問題についてお子さんとのコミュニケーションの機会を絶やさないようにしなさい。
- お子さんが将来像を描く助けをしなさい。お子さんにふさわしい人生のゴールを設定し、それを成し遂げる計画をお子さんと一緒に立てなさい。

第2章

他の人とつきあうには

Sometimes my friends do things I don't think are right, like drinking alcohol, taking drugs or stealing. They might even ask me if I want to try it. This is called peer pressure. I'm glad I know what's right for me.

I feel good about myself and I don't feel like I have to do something because everybody else is doing it. That is not cool! I stick up for what I think is right. I can say 'no' and walk away! Now that is really cool!

こんにちは、私たちの名前はジムとジャンです。私たちの回りにはいろいろな人がいます。家族、私たちの世話をしてくれるひと、学校の先生、ルームメート、そして地域のヘルパーさんたちです。よく知っている人もいれば、そうでない人もいます。好きな人もいれば、そうでない人もいます。私は私の回りの人たちを、よく知っているかどうか、彼らを好きかどうかによって違った対応をします。日常生活でいろいろな人に挨拶をするにはどうしたらいいかを話しましょう。

抱きしめて挨拶をする相手は？
　私はおじいちゃんやおばあちゃんに会えばぎゅっと抱きしめて挨

拶します。大好きだからです！　抱きあって挨拶するのは特別なことです。私は大好きで安心できる人とは抱きあって挨拶します。こうやって挨拶するのは、その人が私にとって大切な人ですよと知らせているのです。抱きあって挨拶したり、されたりするのはすてきな気持ちです。

　でも、誰とでも抱きあって挨拶をしてはいけないのです。私にとって大切な人たち、例えば家族や、仲のいい友達、ボーイフレンドやガールフレンドとは抱きあって挨拶をします。誕生日やクリスマス、お正月などの特別な日には他の人たちとも抱きあって挨拶することもあります。

　もし誰かが私を抱きしめて挨拶しようとしても、私がそうしたくなければ「いやです」と言っていいのです。私が誰かを抱きしめて挨拶しようとしても、その人がそうしたくなければ、その人も「いやです」と言います。

握手をするのはどんな時？
　出会った人たちと握手をする場合もあります。学校の先生やお医

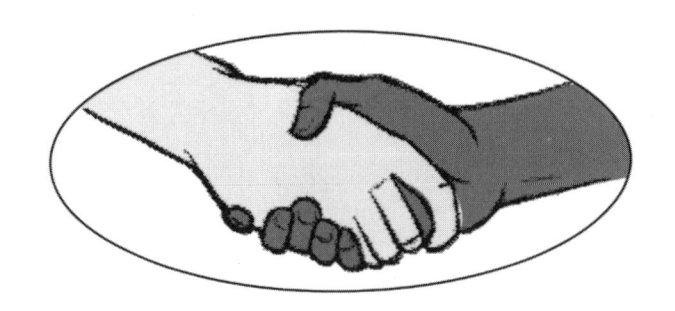

者さん、あまり親しくない友達などです。それから仕事の雇い主や初めて会った人たちとも握手で挨拶をします。このような人たちを抱きしめて挨拶することはありません。私が抱きしめて挨拶する特別な人たちとは違うからです。他にもあなたが握手で挨拶するのはどんな人たちがいるでしょうか？

ニッコリ笑って手を振るのはどんな時？

　私がニッコリして手を振って挨拶する人たちもいます。近所の人や小さい子やあまり親しくない他の人たちです。立ち止まって話しかける時間がないときに「こんにちは」と挨拶するかわりに手を振ることもあります。

知らない人にはどうやって挨拶したらよいでしょう？

　知らない人とは私が会ったことがない人です。知らない人でも私の名前を知っていることもありますが、私はその人の名前を知りません。私は絶対に知らない人を抱きしめて挨拶したりさわったりしませんし、その人も私を抱きしめて挨拶したりさわったりしては絶

対にいけないのです。

　私がよく知っている人が私の知らない人を紹介してくれるときもあります。私はこの新しく知り合った人の名前を覚えます。この新しく知り合った人とは握手で挨拶をして良いのです。この人ともっとよく知り合うようになれば、この人はもう「知らない人」ではなくなります。

友達
　私の人生にとって大切な人の中には友達がいます。友情について話しましょう。友達とつきあうのは楽しいことです。ティーンエイジャーの私には友達はますます大切な存在になっています。

　友達というのは私が大好きで気にかけている人たちです。私は友達と一緒に過ごしたり、何かしたりします。私は友達に優しくしますし、友達も私に優しくしてくれます。彼らは私が彼らにとって大切な友達なのだと感じさせてくれます。友達になる人はたいてい同じ年頃か、同じ趣味を持つ人たちです。

友達とは一緒に出かけたり、よく電話で話をします。友達はおたがいに家に招いたり招かれたりします。悲しいときに話をしたり秘密を打ち明けたり出来るのが友達です。友達とは安心してつきあうことが出来ます。

　私は友達とサッカーをするのが好きです！　友達と一緒に出来る楽しいことはたくさんあります。公園へ行ったり、映画に行ったり、スポーツをしたり、工作や手芸もします。人と出会ったり友達になるのが難しいときもあります。友達がいないととても寂しいです。

　新しい友達を作るのに役に立つことがいくつかあります。私は新しい友達がほしくなったら、学校や職場で自分が気に入っている人たちに話しかけてみます。

　その人たちにニッコリ笑いかけたり話しかけたりして、友達になりたいということを知らせます。その人たちの名前を聞いて、私の名前を教えます。すこし知り合ってから電話番号を聞きます。番号を書き留めて、時々電話をかけてもよいか聞きます。その人たちに電話をして、何か楽しい計画を立てることが出来ます。誰かと友達になるには一緒に何かをしてよく知り合うことが大切です。

何かのクラブやグループに入ったり、ボランティアをしたりして知り合うこともできます。歌や演技が好きなら教会の聖歌隊や学校の演劇部に入ります。友達を作ろうと思ったら外に出て人と会う機会を作りましょう。

　多くのティーンエイジャーにあることですが、友達としての「好き」から別の好きという気持ちに変化することがあります。それはたぶん会うと私をドキドキするような気持ちにさせる人でしょう。私はその人が近くにいるとワクワクします。

　私はまたこの人にロマンティックな感情をもったり、性的な感情を持ったり、その人のことを思って空想にふけることが多くなるか

もしれません。これが誰かに「のぼせる－夢中になる」ということです。全く知らない人に夢中になることだって有ります。テレビや映画で見ただけの人とかロック歌手とか俳優、女優などに夢中になることだってあるのです。

　たいていの人は少なくとも1度や2度は誰かに夢中になるでしょう。それは誰もが経験することです。こういう思いや気持ちを持つのはいけないことではありません。一人で思ったり感じたりする気持ちは誰も傷つけません。

　私が夢中になっても相手にその気がないこともあります。これも多くの人によくあることです。私は落ち込んだり悲しんだりするでしょう。そんな時でも私はいつも、私は立派な人間で優れた点が多くあることを忘れないようにします。寂しくなったり悲しくなったら家族や友達にそのことを話します。友達に話すと気分が楽になります。友達とつきあうのは良いものです。でも、友達と一緒にいようといまいと自分自信に満足することも大切です。

　私は自分に起きたことを悲しんだり、落ち込んだりする時期を切り抜けます。誰にでも自分を変えられたらとおもう点があるでしょう。こんな気持ちになったとき私は自分の良い点だけを考えるようにします。

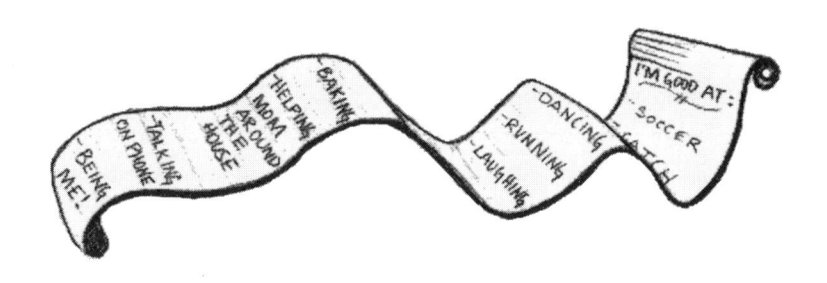

私は自分が得意な物を全部思い出します。私は歌やダンスが上手です。スポーツやクラフトが得意です。ジョークで人を笑わせることが上手です、などです。あなたは自分の良い点を思い出すことができますか。大勢の人が私を愛し、気にかけてくれます。私はみんなにとって大切な人なのです。あなたもそうです。自分に自信をお持ちなさい。

　時々、私が友達だと思っている人が私に意地悪やひどい仕打ちをすることがあります。本当の仲良しは私が大事な人だから好いてくれるのであって、私の容貌やかっこいい物を持っているから私を好きになってくれるのではありません。友達なら時々議論もします。私にたびたびいやな思いをさせたり悲しませたりする人たちは本当の友達ではありません。本当の友達ならおたがいに相手を楽しい気分にします。

　私が自分に自信を持っているときは、何が私にとって正しいことなのか分かります。私の友達が時々、私が正しくないと思っていることをするかもしれません。学校でお酒を飲んだり、麻薬を使ったり、盗みをするなどです。彼らは私にもやってみないかと聞くかも

しれません。私がしたくないことを彼らが私にさせようとしているのだと感じます。これは「仲間の圧力」と呼ばれるものです。

　このようなときには私は自分が正しいと分かっていることをします。みんながやっていることを私もしなくてはいけないとは、私は思いません。それはクール（かっこいいこと）ではありません。私は自分が正しいと思うことは曲げません。「いやです！」と言ってその場を去るのです。それがクールというものです。

第 3 章

「女の子」から「女性」へ

My body is very special. My body has many parts. When I get dressed in the morning and look in my mirror, what do I see? I see my face and neck and arms and legs. When I have my clothes on, some of my body parts are covered.

Boy's bodies and girl's bodies look different. One is not better than the other. I treat my own body with respect, and it is important that I respect other people's bodies too! As I grow up, my body will change. It is an exciting time!

こんにちは、私の名前はジャン。あなたと同じ女の子です。今日は女性のからだのことについてあなたに大切な話をしましょう。

私のからだは（あなたのも同じように）とても大切ですばらしいものです。からだというものは形も大きさも色も人によって違い、全く同じからだは2つとありません。

私の体にはいろいろな器官があります。朝、服を着るときに鏡を見れば何が見えますか。顔と首と腕と足が見えますね。服を着てしまえばからだのいくつかの器官は隠れてしまいます。

他の人が一緒の時にはいつも衣服に隠されている部分があります。それは私の陰部です。つまり、他の人には見せない部分です。私の陰部は普通、下着か水着で覆われています。

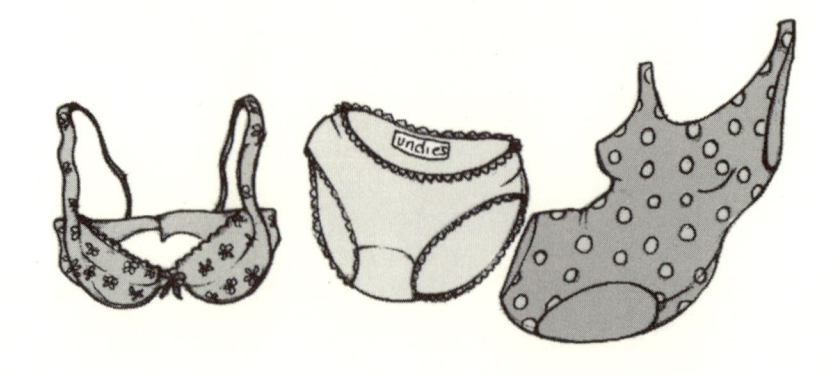

女の子にも男の子にも陰部があります。でも、女の子と男の子の陰部は違います。それでは女の子の陰部について話しましょう。女の子の陰部は乳房と外陰部と臀部です。下の絵を見てこれらの部分を見つけましょう。

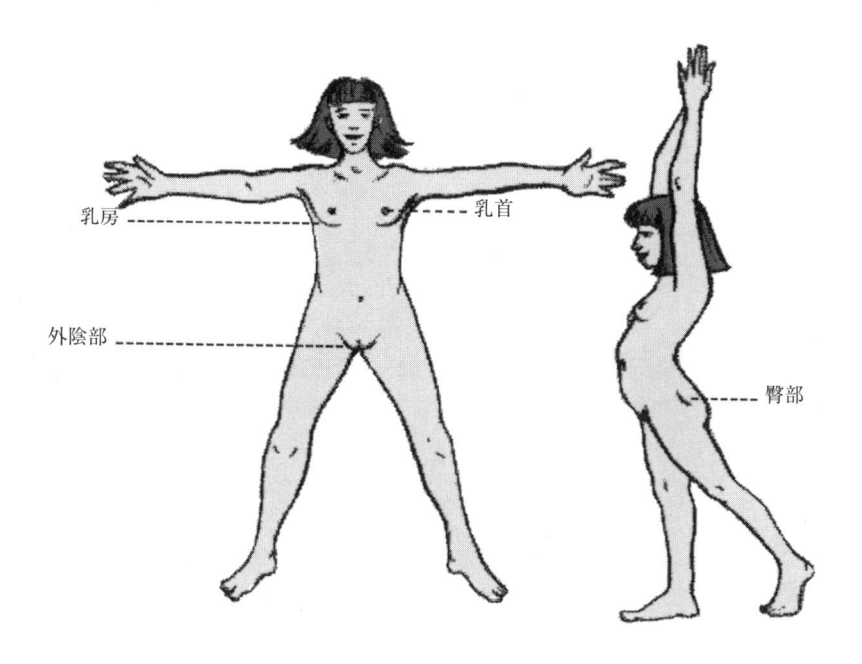

乳房
乳首
外陰部
臀部

　私の乳房は私が大人になるに連れて大きくなります。それにつれてヒリヒリしたり、チクチクしたりすることがあります。これは正常なことです。乳房の先の小さな突起は乳首と呼ばれます。乳首は乳房の他の部分より濃い色をしています。乳房や乳首に触られるとよい気持ちがします。私が妊娠すれば乳房はお乳を出す用意を始めます。このお乳は赤ちゃんにあげる母乳となります。

外陰部は私の足の間にあり、いろいろな器官から出来ています。その中のいくつかを説明しましょう。

クリトリス：クリトリスは私に性的な喜びを与える部分です。クリトリスをこすったり、触れたりすると、とても快い気持ちになります。クリトリスは外陰部の前にあります。

尿道：尿道は私の体の中から外へと尿（おしっこ）が出てくる器官です。

膣（ヴァギナ）：ヴァギナは体の外陰部と、内側にある子宮、卵巣、卵管と呼ばれる女性だけが持っている器官とをつなぐ部分のことです。これらの特別な器官は赤ちゃんを作る役目を持っています。私は自分のこの部分をみることは出来ませんが、次の絵を見れば私の体の内部がどうなっているか分かります。

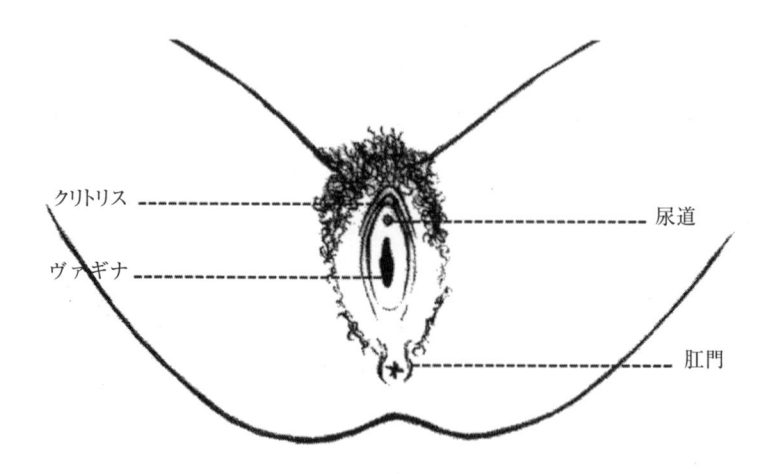

卵管
卵子
卵巣
子宮
ヴァギナ

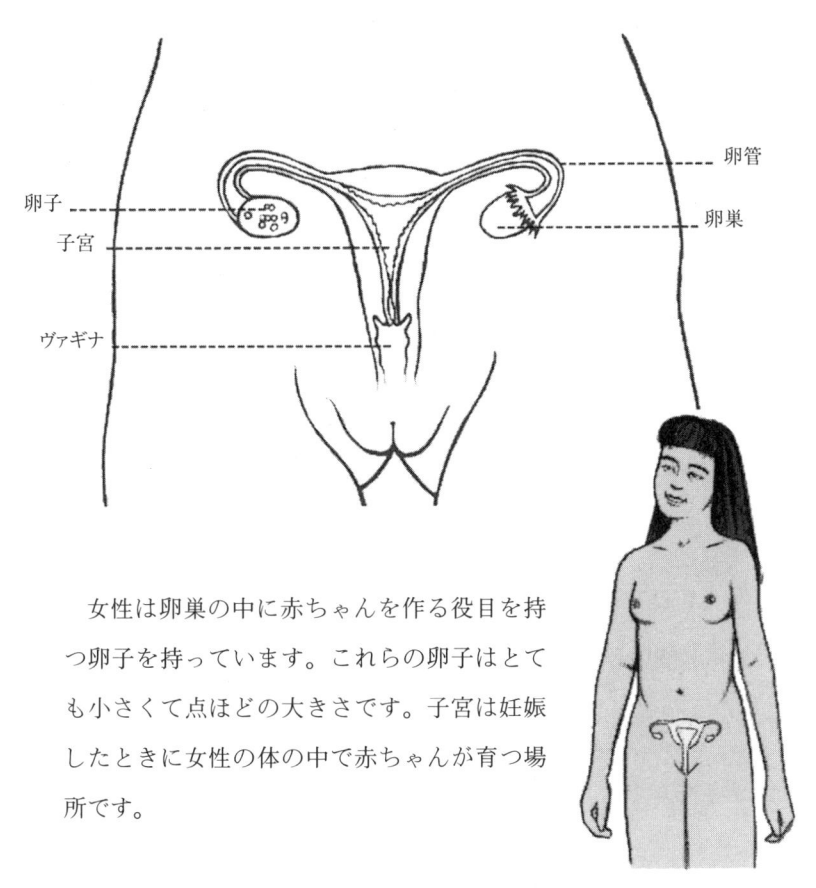

　女性は卵巣の中に赤ちゃんを作る役目を持つ卵子を持っています。これらの卵子はとても小さくて点ほどの大きさです。子宮は妊娠したときに女性の体の中で赤ちゃんが育つ場所です。

　私の臀部（お尻）は私が座るときに下に来る部分です。臀部の間にはもう一つ別の穴があり、肛門と呼ばれます。

　肛門は私がトイレに行って大便（ウンチ）をする時に便を体の外に出します。

　私は他の人が周りにいるときはいつも陰部が衣服で隠れているように気をつけます。これは大事なことなので忘れないでください。

私がいいと言わなければ誰も私の陰部に触れることはできません。お医者さんは私が病気にかかっていないか調べるために私の陰部に触れることがあります。私のからだは大切なもので、私は自分の体に責任があります。誰かが私に触ろうとして、私がそれを望まないときは「いやです！」と言うことが出来ます。忘れないで。「いやだ！」と言っていいのですよ。

　女の子のからだと男の子のからだは外見も違います。どちらかが優れているということではありません。私は自分のからだを大切にします。それと同時に他の人のからだを尊重することも大切です。

女の子　　　　　　　　　　　　　　男の子

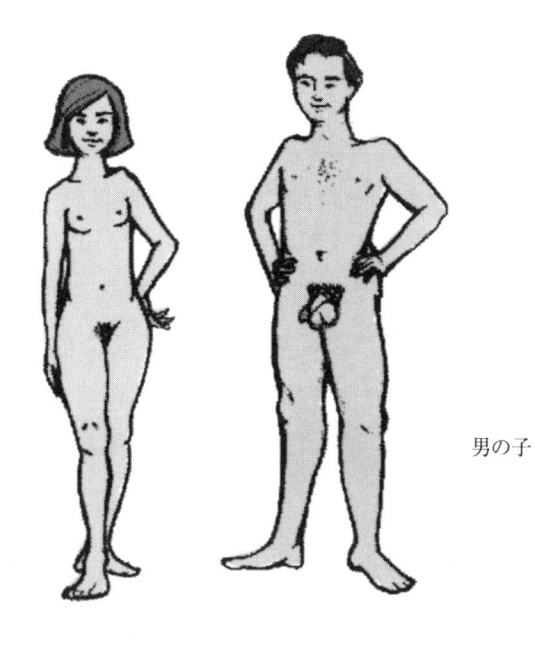

　成長するにつれて私のからだは変化します。外見も感触も違ってきます。少女から大人の女性へと変化しているのです。それは素晴らしいことなのです。

　大人になり始めたので私のからだは変わり始めました。少女のからだが変化してゆくこの特別な時期を思春期と呼びます。変化は一度に起きるのではありません。少女が大人になるのに必要な変化を遂げるのには数年間かかります。

　体の変化や発達は人によって時期が違います。大人になってゆくからだの変化について知るのは面白いことです。

　大人への変化が始まった時、私は乳房が大きくなったことに気が

つきました。そして私はブラジャーを着け始めました。ブラジャーは私が飛んだりはねたり、スポーツをしたりするときに乳房が揺れたり動いたりしないよう固定しておくためのものです。

　シャツやブラウスの下にブラジャーを着けるとかっこうよく見えると思っている女性もいます。私はブラジャーをしようと決めたとき、信頼している大人に私に合ったブラジャーを選ぶのを手伝って欲しいと頼みました。ブラジャーはしばらくするとからだに合わなくなるでしょう。乳房が大きくなるにつれてサイズの合う別のブラジャーを買う必要が出てきます。

　大人への変化が始まると私の外陰部のまわりに毛が生え始めました。これは陰毛と呼ばれます。陰毛は頭髪とは手触りが違います。右のページの絵にあるように、大人になるにつれて陰毛は増えていきます。

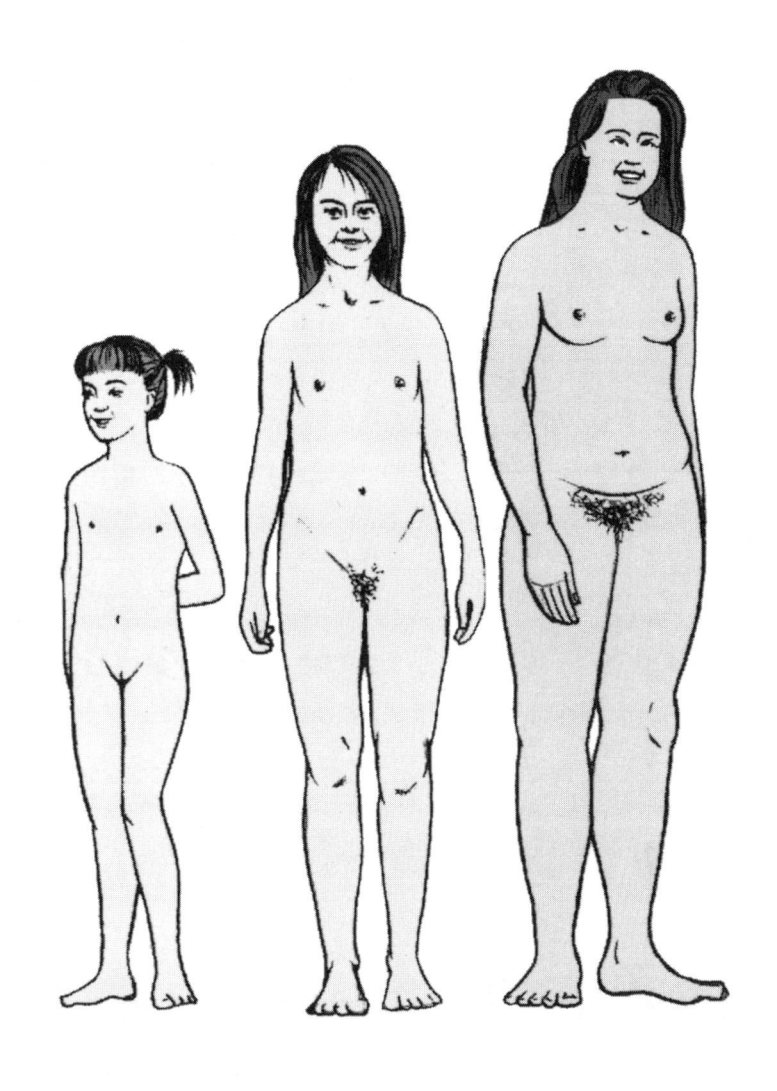

私の脇の下や足にも毛が生え始めました。足や脇の下の毛を剃ってしまう人もいます。

最初に剃ろうと決めたときは、私は信頼できる大人にどうやるのか教えて欲しいと頼みました。

思春期が始まると、顔の皮膚も見かけや手触りが変わり始めました。吹き出物（ニキビ）ができはじめました。ニキビは赤、白、あるいは黒っぽくみえる小さな隆起です。私はこれをつまんだり、ひっかいたりしません。ニキビをなくしたいと思ったら、毎日顔を洗って皮膚を清潔にしておくことです。あまりニキビがひどいときはお医者さんにみてもらいます。

　私は体の匂いが変わったのにも気づきました。思春期になると身体の変化につれて、以前より汗をかきやすくなります。この汗のせいで私のからだがいやな匂いがすることがあります。からだを清潔にしておくために、私は毎日お風呂に入るかシャワーを浴びて体の隅々、特に脇の下や髪の毛、陰毛、足をよく洗います。私は匂いを消すために脇の下用のデオドラント（消臭剤）を使います。多くの女性がシャワーやお風呂の後でデオドラントを使っています。

女の子が成長するにつれて起きる特別なことがあります。月経の始まりです。これは生理が始まるとも言われます。月経は女性だけに起こり、男性には月経はありません。初めて月経（生理）があるのはふつう11歳から13歳頃ですが、人によって違います。私はもう生理があります。生理はおめでたいことで誇るべきことです。

　生理が始まると膣（ヴァギナ）からの出血があります。ある日私はパンティに血が付いているのに気がつきました。ケガをしたわけではありません。私の生理が始まったのです。これは若い女性にとって正常で自然なことですが、公にすべきものではありません。私は生理が始まったときに両親とかかりつけのお医者さんにだけ話しました。

　血液は私の子宮から出てきます。毎月私の子宮の内膜はだんだん厚くなり、内膜にある血管も充実してふくれあがってきます。ふくれあがった血管が破れて出血すると同時に、内膜もはがれて血液と一緒にヴァギナから出てきます。血液は一度に出るのではなく、4日から5日かけて流れ出ます。

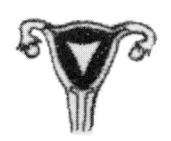

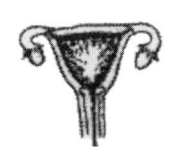

黒く塗ってある部分が子宮内側にある内膜で生理の間に壊れてはがれます

　血液がパンティに付かないようにする方法があります。一つは生理ナプキンを使う方法です。ナプキンにはたいてい片側に粘着テープがついていて私のパンティの内側に貼り付けることが出来ます。

ナプキンは私のヴァギナの外側に当てます。

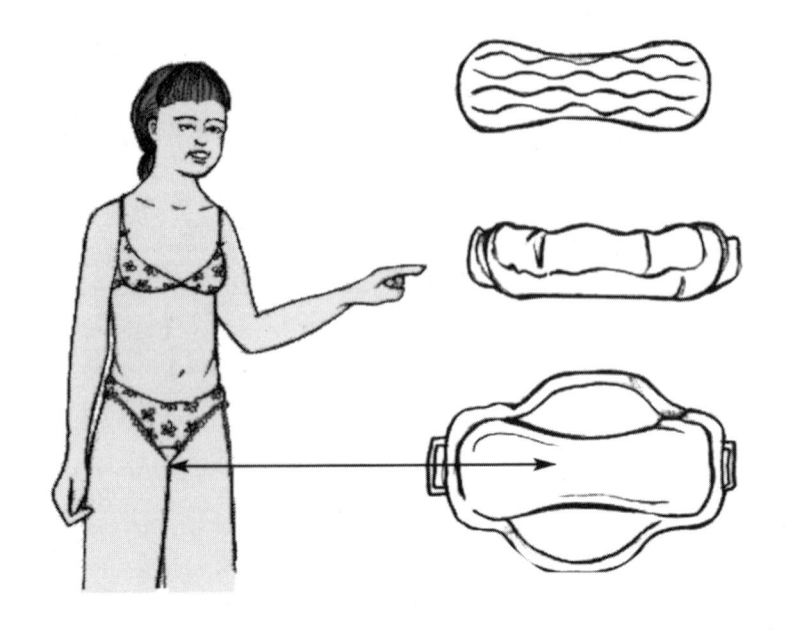

　ナプキンは数時間ごとに、取りかえなければなりません。ナプキンをかえる用意が出来たらパンティに付いているのをはがします。丸めてトイレットペーパーに包んでゴミ箱に捨てます。使ったナプキンはゴミ箱にきちんと入れ、便器の中に捨ててはいけません。トイレが詰まることがあります。

　私はタンポンを使うこともあります。そうすれば生理中も泳ぎに行けるからです。タンポンは綿で出来ていて、一方の端に紐がついています。タンポンは挿入すると血液が体外に漏れないように出来ています。タンポンは右上の図のような形です。

　タンポンを使うには紐のついていない方をヴァギナに挿入しま

厚紙でできたアプリケーター

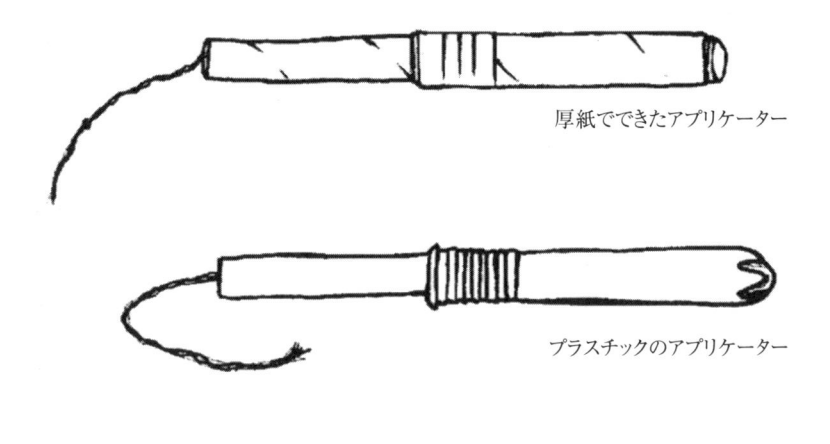

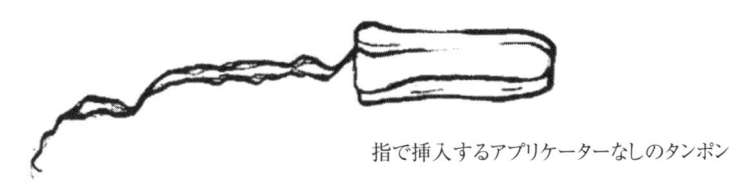

プラスチックのアプリケーター

指で挿入するアプリケーターなしのタンポン

す。タンポンを入れるときに痛みはありません。もし痛みを感じたら挿入の仕方が悪かったことになります。紐はヴァギナの外に出ています。タンポンが体内にあるという感じはありません。挿入の仕方を次のページに絵で示しました。次のように1～4の順に行ってください。

1．一方の手でヴァギナを開きもう片方の手でタンポンを持ちます。
2．タンポンの丸くなっている先をそっとヴァギナに挿入します。
　タンポンをつかんでいる親指と人差し指が体に触れるまでゆっくりとアプリケーターを押し込みます。
3．タンポンの先をしっかり持って、アプリケーターの内側の筒が完全に外側の筒と重なるように人差し指で押します。
4．アプリケーターをつかんでそっと筒を引っ張り出します。

1

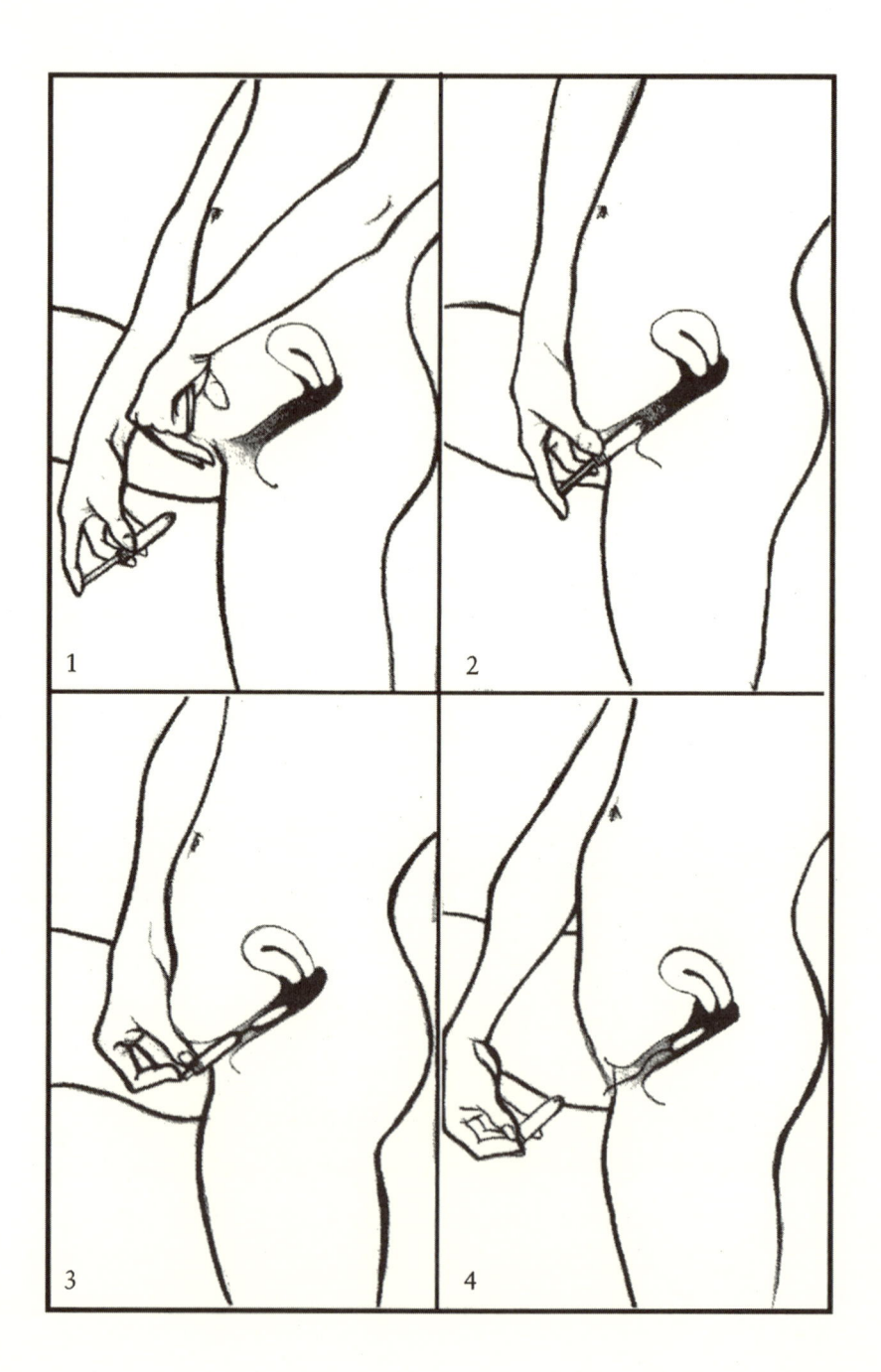

2

3

4

タンポンは数時間つけたら取りかえます。取りかえる準備が出来たら、紐をそっと引っ張ればタンポンは外に出てきます。使ったタンポンはトイレットペーパーに包んでゴミ箱に捨てます。

　タンポンを上手に使うには練習が必要です。私がタンポンを使いたいと思ったときには母に使い方を聞きました。また、お医者さんか信頼している誰か他の人に聞くことも出来ます。タンポンやナプキンを使う前と後にはいつも手を洗います。

　タンポンやナプキンをつけたり取りかえたりすることは、人に見せることではありません。だから、自分一人になるトイレの中で行ったり、手助けが必要なら親や信頼できる誰かと一緒に行います。

　生理中はシャワーやお風呂に入り外陰部を清潔にしておくように特に注意を払います。

　生理中に血液が出るときに痛みはありません。でも、生理の前や生理の時に急に差し込むような痛みを感じることがあります。

　この生理痛は胃の痛みのように不快にまたは痛く感じます。もしあなたの生理痛がひどいときは親か学校の先生、医者かあるいはあなたの信頼できる人に言って助けてもらいなさい。生理が始まる数日前は乳房がヒリヒリしたり、触ると痛かったりするかもしれません。これらの症状は生理が始まると治まります。

　生理の始まる前に、いわゆるＰＭＳ（月経前症候群）を感じる人

もいます。PMSがあるとだるかったり、感情が不安定になったりします。腰や頭が痛くなる場合もあります。生理が始まればこの症状はなくなります。

PMSに効く錠剤がいくつかあります。ですから、もしPMSがあると思ったら、親かお医者さん、または他の信頼できる人に相談してください。

どうして女性だけに生理があるのか、あなたは不思議に思うかもしれません。生理があるということは、私の体が赤ちゃんを作る用意ができていることを示しています。でも私はまだ若くて自分で赤ちゃんの世話をする用意はできていません。

私の生理は月に一度あります。私は生理が始まった日付を記録しています。そうすれば来月のいつ頃生理が始まるか分かります。これにはカレンダーが役に立ちます。

生理の最初の日、つまり出血した最初の日をカレンダーにX印をつけます。それから生理中は毎日Xをつけておきます。次の生理が始まったらまたXをつけます。それから生理と生理の間が何日あるか数えます。毎月こうしておけば次の生理まで何日あるかがわかります。

小さい頃は親やお医者さん、信頼できる人などに記入を手伝ってもらってもかまいません。私の「生理カレンダー」は次のようなものです。

「生理中である」というのはプライベートなことなので親やお医者さん、信頼できる人だけにしか話しません。

もしあなたがこの本で読んだことや大人になることについて質問があれば、怖がらずに親やお医者さんや信頼できる人にききなさい。

成長するにつれて多くのすばらしい変化があなたに起こります。それはすべてあなたが大人になることの一部なのです。本当にすばらしいことなのです。ティーンエージャーになってから気がついた他の点は、私がもっと性的なことを考えたり、性的な夢を見るようになったことです。これは正常なことで、考えたり夢見たりするのはおもしろいです。

あなたが男子の体について知りたいと思ったら、第4章（「男の子」から「男性」へ）を読みなさい。

第4章

「男の子」から「男性」へ

> My body is very special. My body has many parts. When I get dressed in the morning and look in my mirror, what do I see? I see my face and neck and arms and legs. When I have my clothes on, some of my body parts are covered.

> Boy's bodies and girl's bodies look different. One is not better than the other. I treat my own body with respect, and it is important that I respect other people's bodies too! As I grow up, my body will change. It is an exciting time!

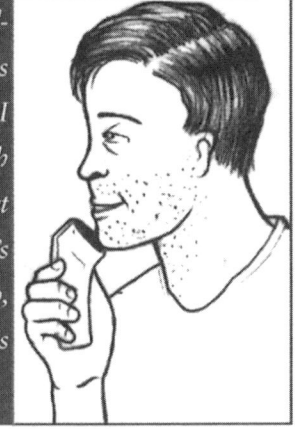

こんにちは。僕の名前はジム。君と同じ男の子です。今日は男性のからだについて君に大切な話をしましょう。

僕の体は（君のもおなじように）とても大切ですばらしいものです。からだは形も大きさも色も人により違い、全く同じからだは二つとありません。

僕のからだには色々な器官があります。朝、服を着るときに鏡を見れば、何が見えますか。顔と首と腕と足が見えますね。服を着てしまうとからだのいくつかの器官は隠れてしまいます。

他の人が一緒にいるときはいつも衣服に隠されている部分があります。それは僕の陰部です。つまり、他の人には見せない部分です。僕の陰部はふつう下着か水着で覆われています。

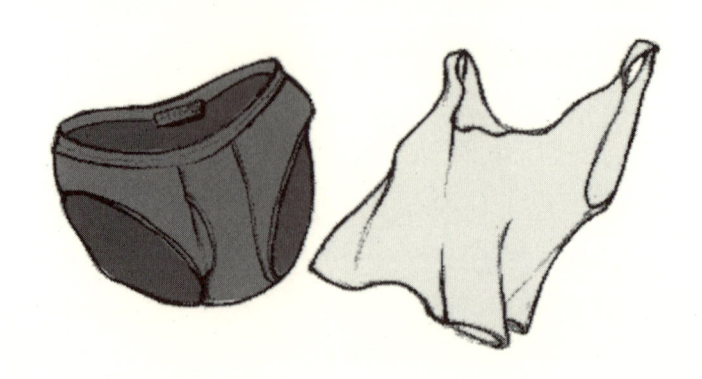

男の子にも女の子にも陰部があります。でも、男の子と女の子の陰部は違います。それでは男の子の陰部について話しましょう。男の子の陰部はペニスと陰嚢と臀部です。下の絵を見てこれらの部分を見つけましょう。

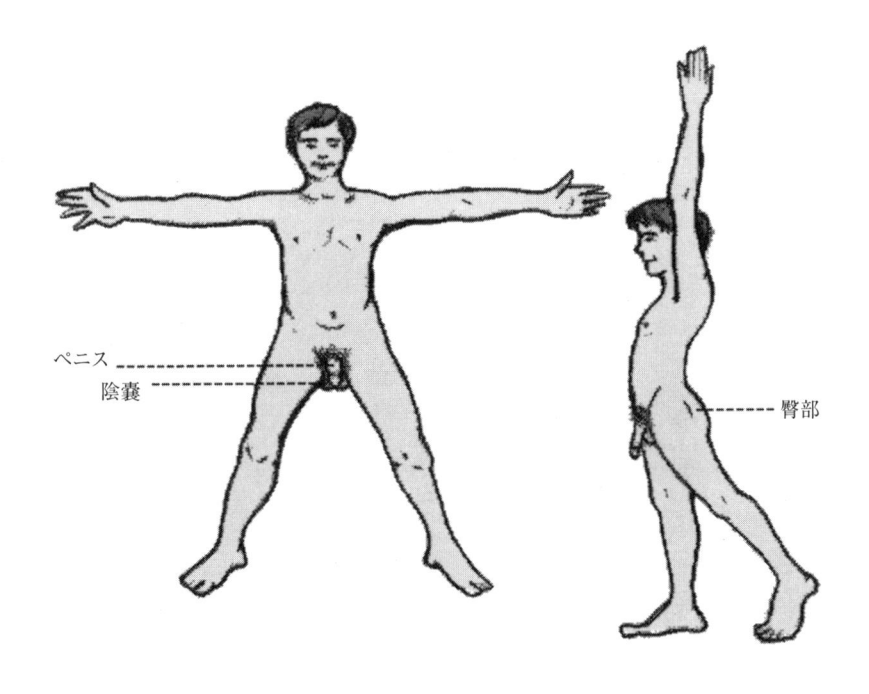

ペニス
陰嚢
臀部

　僕のペニスは僕の腹部の下にあります。ペニスには骨も筋肉もありません。ペニスの先に小さい穴があります。これは二つのもの、尿（おしっこ）と精液が出てくるところです。

　陰嚢は僕のペニスの後ろに下がっている小さな嚢です。陰嚢の中には丸いボールのような二つの線があります。これは精巣（睾丸）と呼ばれています。精巣では精子が作られます。

ペニス ---
陰嚢 ---
肛門 ------------ (*)
臀部 ---------

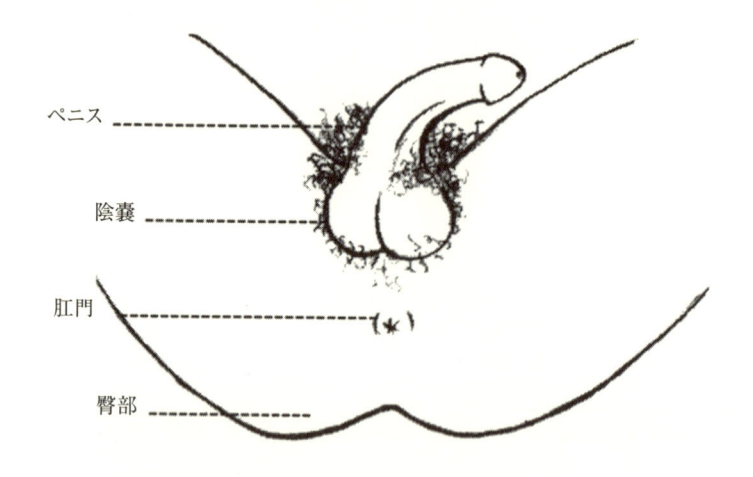

　精子は小さな細胞です。精子は男性が子供を作るのに必要とされます。僕のからだは精子が暑すぎないよう、冷えすぎないように調節します。もし僕があまり冷えたら僕の陰嚢は縮んで暖まろうとして僕のからだにくっつきます。僕が暑いと感じるときには陰嚢はいつもより下に垂れて涼しくなろうとします。

　僕の臀部（尻）は僕が座ったときに下になる部分です。臀部の間にあるのは肛門と呼ばれる穴です。僕が大便（ウンチ）をする時は、肛門から便をからだの外に出します。

　僕は他の人がそばにいるときはいつも陰部が服の下になるように気をつけます。これは大事なことなので、忘れないでください。

　僕がいいと言わなければ誰も僕の陰部に触れることはできません。お医者さんは僕が病気にかかっていないか調べるために僕の陰

部に触ることがあります。僕のからだは大切で、僕は自分のからだに責任があります。誰かが僕に触ろうとして、僕がそれを望まないときは「いやです！」と言うことが出来ます。忘れないで。「いやだ！」と言って良いのです。

男の子と女の子のからだは外見も違います。どちらかが優れているということではありません。僕は自分のからだを大切にします。同じように他の人のからだを尊重することも大切です。

成長すると僕のからだに変化が見られます。外見も感触も違って

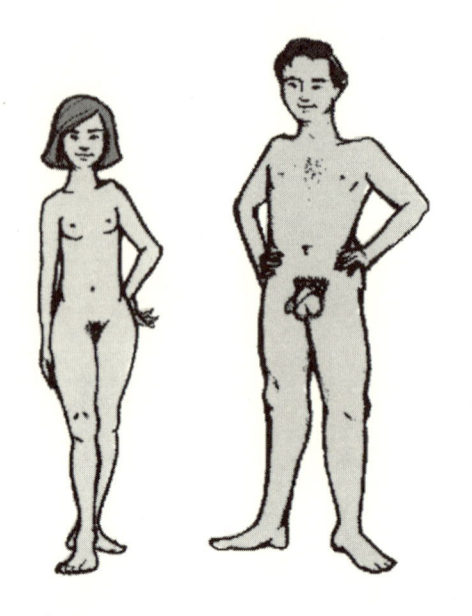

女の子　　　　　　　　　　　　　　　　　　　男の子

きます。少年から大人の男性へと変化しているのです。これはすばらしいことなのです。

　僕が大人になり始めたので、僕のからだは変化し始めました。少年のからだが変化してゆくこの特別な時期を思春期と呼びます。変化は一度に起きるのではありません。少年が大人になるために必要な変化を遂げるのには数年間かかります。

　身体の変化や発達は人によって時期が違います。大人になってゆくからだの変化について知るのはおもしろいことです。

　大人への変化が始まったとき、僕はペニスと陰嚢の周りに毛が生えてきたことに気がつきました。これは陰毛と呼ばれます。陰毛は

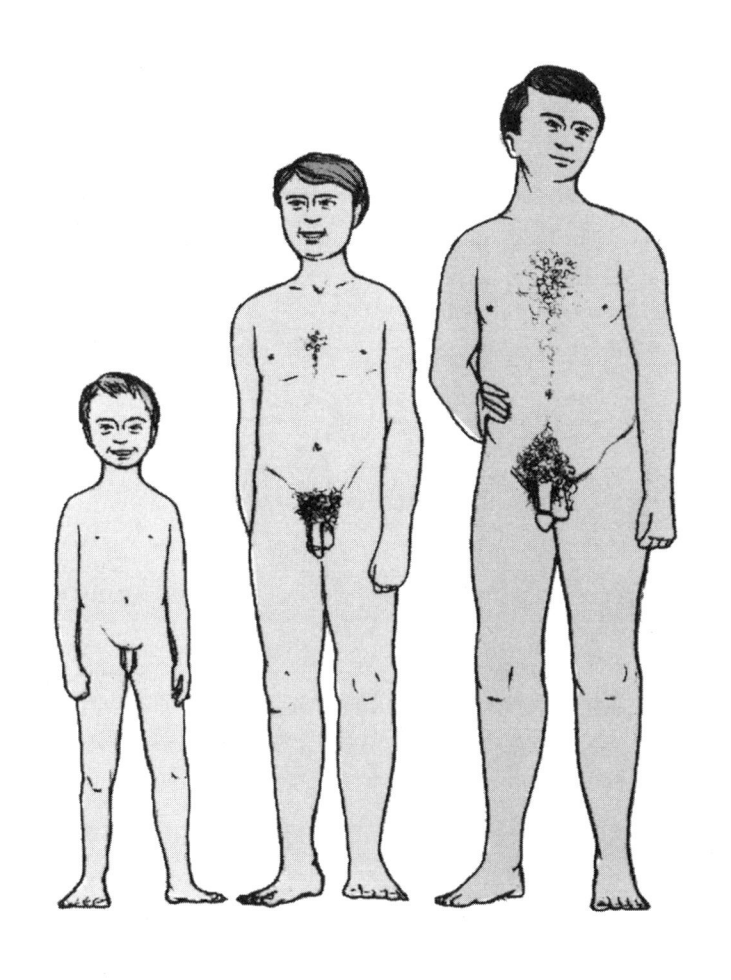

頭髪と手触りが違います。思春期がすすむともっと多くの陰毛が生えてきます。ペニスと陰嚢も大きくなります。

僕の足や腕にも毛が生えてきます。胸や背中にも生えてくるかもしれません。顔にも毛（ひげ）が生えてきました。僕はひげを剃ることにしました。

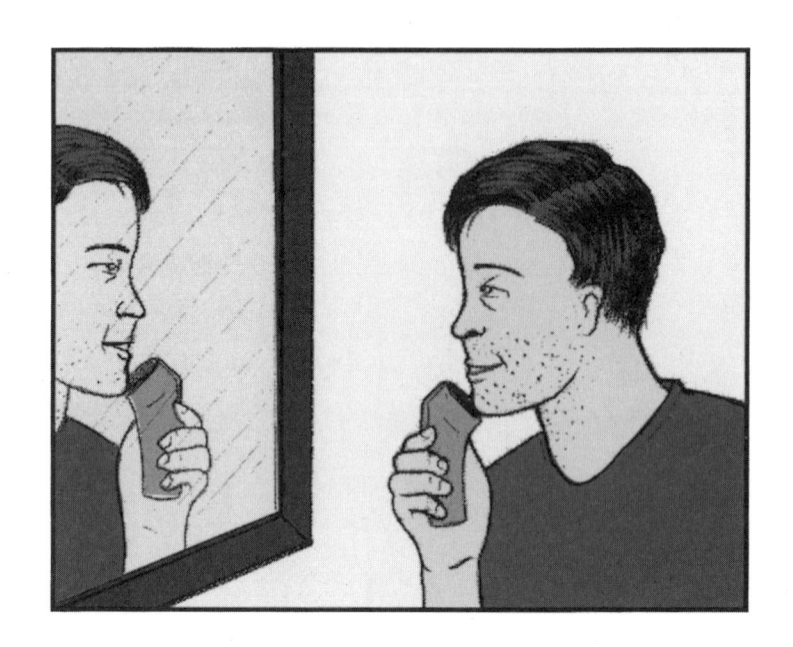

初めてひげを剃るときに僕は信頼している大人の人に剃り方を教えてほしいと頼みました。

　もう一つ僕が気づいた変化は、僕の声が大人の男性のように太く低くなってきたことです。

　顔の皮膚も見かけや手触りが変わりはじめました。吹き出物（ニキビ）ができはじめました。ニキビは赤、白、あるいは黒っぽく見える小さな隆起です。僕はこれをつまんだりひっかいたりはしません。ニキビをなくそうと思ったら毎日顔を洗って皮膚を清潔にしておくことです。あまりニキビがひどいときはお医者さんに診てもらいます。

僕はからだの匂いが変わったのにも気づきました。ティーンエイジャーはからだの変化につれて、前より汗をかきやすくなります。この汗のせいで僕のからだがいやな匂いがすることがあります。からだを清潔にしておくために、僕は毎日お風呂に入るかシャワーを浴びてからだの隅々特に脇の下や髪の毛、陰毛、足をよく洗います。僕は匂いを消すために脇の下用のデオドラント（消臭剤）を使います。多くの男性がシャワーやお風呂の後でデオドラントを使っています。

　他にも成長につれて起こる変化があります。ふつうは柔らかくて下がっているペニスが固く大きくなり、僕のからだの前に立つことがあります。これは勃起です。勃起は数分しか続かず、僕のペニスはまた元の大きさに戻ります。

　勃起するには色々な理由があります。ペニスが下着で擦れたり、おしっこをする時に起きたり、セックスについて考えたり、性的な

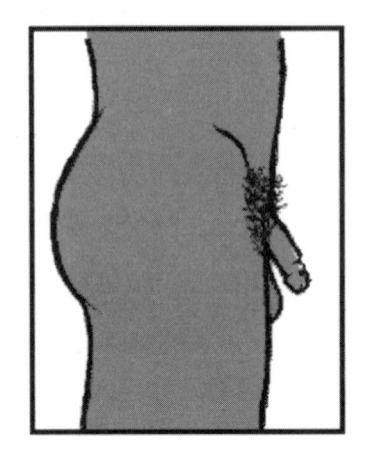

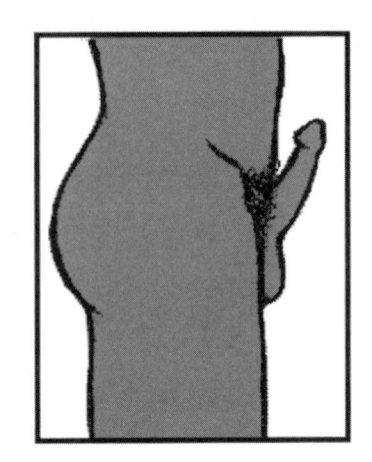

感情を持ったりすると勃起することがあります。全く理由もなしに勃起することもあります。

　学校やバスの中で勃起することもあります。これは異常なことではありませんがバツの悪いことです。人がいるところで勃起してしまったら、僕は何か他のことを考えるようにしてペニスが小さく柔らかくなるのを待ちます。

　別の方法は、腰を下ろして本か上着を膝の上に置くことです。こうすれば他の人は僕が勃起していることに全く気がつかないかもしれません。僕は人前ではペニスに触ったりしません。大事なことなのでこれを忘れないようにしてください。

　勃起は僕が夜寝ているときに起きることがよくあります。僕は気がつきもしません。時々白っぽいクリーム状の液体がペニスから出てきます。この白い液体は精液と呼ばれます。精液が僕のペニスか

ら出るのは、僕が射精をしたということです。

　時々僕が性的な夢を見て目を覚ますと、この液体がパジャマやシーツに付いていることがあります。これは夢精と呼ばれます。僕が夢を見ている間に射精をしたのであって、寝小便をしたのではありません。これはほとんどの男子に起きることで、自然で正常なことです。目を覚まして思い出すと私はニヤッとします。目を覚ましてパジャマやシーツに精液が付いていたら、洗濯物を入れるかごにそれらを入れます。また、ペニスをティッシュかタオルで拭きます。朝起きたときに勃起していることがありますが、これも全く正常なことです。

　勃起や夢精はからだの変化につれて男子に起きることで、人に見せるものではありません。この本に書かれていることや成長について疑問があれば、あなたのお母さんやお父さん、お医者さん、あるいは信頼できる人に遠慮せずに聞きましょう。

大人になるにつれてたくさんの大きな変化があなたに起こります。それはすばらしいことで、すべてあなたが大人になることの一部なのです。

　女子のからだについて知りたいと思ったら、第3章（「女の子」から「女性へ」）を読みなさい。

第 5 章

妊娠と性的感染症（性病）

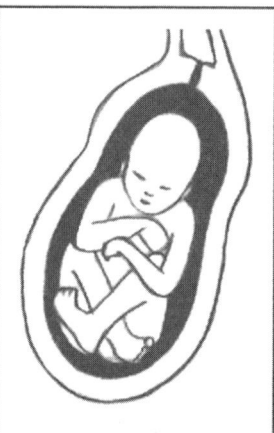

> The eggs are made in the woman's ovaries. Every month an egg leaves the ovaries and goes down the fallopian tubes. It waits there to be connected with sperm from the man. The only way an egg and sperm meet is through intercourse.

> There are some very serious diseases that a person can get from having sex with a person who already has the disease. Sexually transmitted diseases can make a person very sick. HIV is a virus that causes the immune disease AIDS.

こんにちは、ジムとジャンです。大人になるともっと自由に多くのことができるようになりますが、自分が行う行為は自分の責任になります。二人が性行為（セックス）をしようと決める前に、それによって生じる可能性のあるいろいろなことについて知っていなければなりません。この章ではセックスを決心する前にあなたが知っておくべきいくつかの大切なことについて話しましょう。妊娠、受胎調節（バースコントロール）、性的感染症（ＳＴＤ＝性病）などです。

妊娠

　男性と女性がセックスをすると女性が妊娠する可能性があります。妊娠とは女性に赤ちゃんができることです。赤ちゃんを作るには、男性の精子と女性の卵子の二つが必要です。男性と女性がセックスをして男性が女性のヴァギナの近くや内部で射精をすることがあります。するとペニスから出た精液がヴァギナの中に入ります。その精液の中の精子は女性の体内で作られた卵子と結合する可能性があります。

　卵子は女性の卵巣で作られます。卵子は毎月卵巣を出て卵管へおりてゆきます。卵子はそこで精子との結合を待ちます。卵子と精子が出会うのは、精子が女性のヴァギナの近くか中に入ったときだけです。

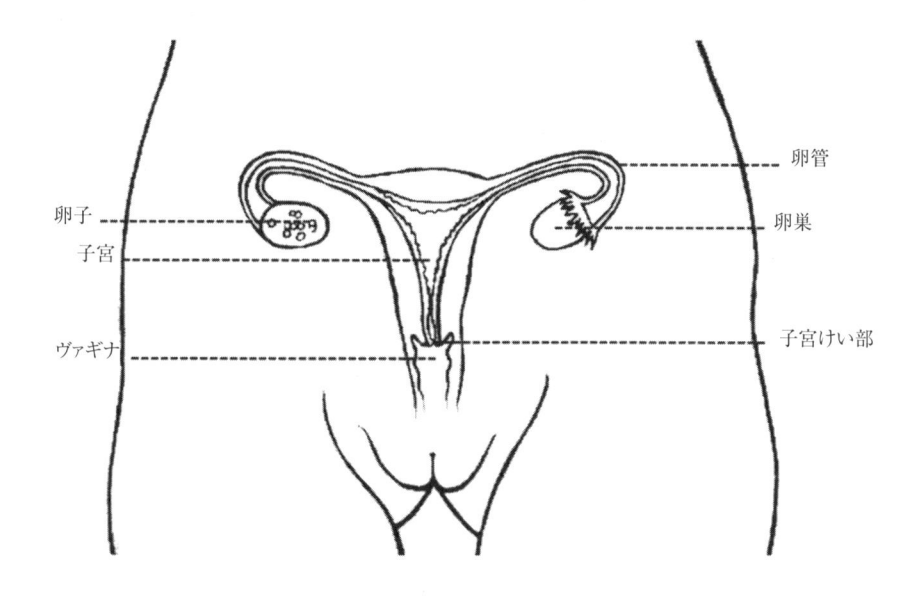

卵管
卵子
卵巣
子宮
ヴァギナ
子宮けい部

　男性の精子と女性の卵子が出会うことを受胎と呼びます。女性の卵子はその時に受精するのです。そして成長が可能になります。受精した卵子は子宮へとおりてゆきます。女性はその時妊娠するのです。赤ちゃんは彼女の子宮の中で成長を始めます。

　赤ちゃんは、最初はとても小さいのですが、だんだんに大きくなります。はじめは赤ちゃんには見えませんが、大きくなるにつれて赤ちゃんの形になります。

　赤ちゃんはお母さんの子宮の中で9ヶ月ほど成長して、誕生の時をむかえます。赤ちゃんは女性の体からヴァギナを通って出てきます。彼女のヴァギナは赤ちゃんが出てこられるくらいに伸びて広がります。中には、赤ちゃんを取り出すのに手術を受けなければなら

ない女性もいます。

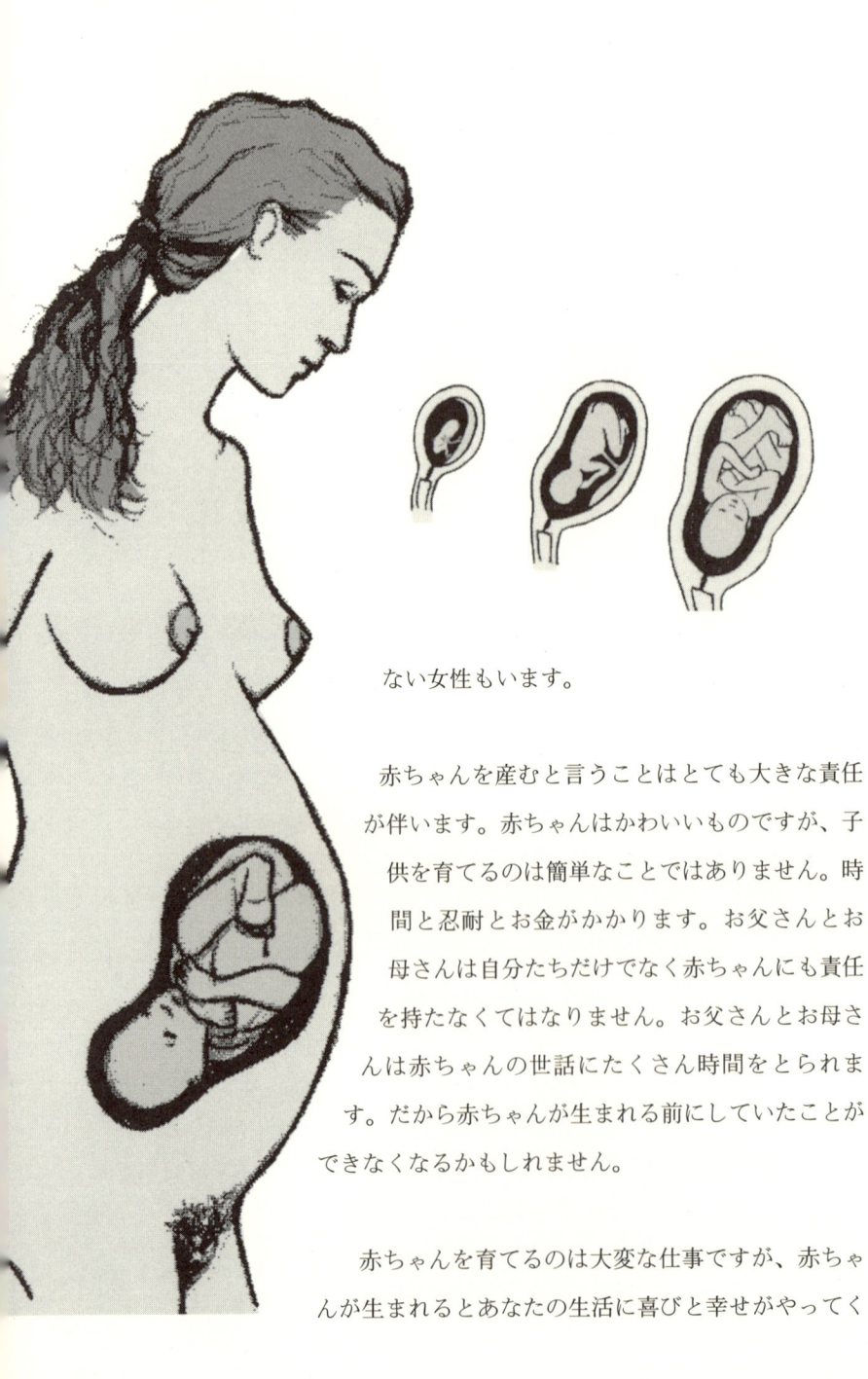

赤ちゃんを産むと言うことはとても大きな責任が伴います。赤ちゃんはかわいいものですが、子供を育てるのは簡単なことではありません。時間と忍耐とお金がかかります。お父さんとお母さんは自分たちだけでなく赤ちゃんにも責任を持たなくてはなりません。お父さんとお母さんは赤ちゃんの世話にたくさん時間をとられます。だから赤ちゃんが生まれる前にしていたことができなくなるかもしれません。

赤ちゃんを育てるのは大変な仕事ですが、赤ちゃんが生まれるとあなたの生活に喜びと幸せがやってく

るでしょう。親になるということはすばらしいことなのです。多くの人が「赤ちゃんが生まれたのは彼らに起こった一番良いことだ」と感じます。もし夫婦が赤ちゃんを持つことを考えている場合は、お医者さんや看護婦さんや親や信頼できる人に話をしなさい。

受胎調節

　セックスをしたいが女性に妊娠してほしくないと思っている男女にできることがいくつかあります。女性が妊娠しない方法をとることを受胎調節（バースコントロール）といいます。

　男性か女性がセックスを望むが受胎調節をしたい場合、お医者さんに相談することが重要です。受胎調節にはいろいろな方法があります。お医者さんかバースコントロール指導員があなたに一番良い方法を選ぶ手助けをしてくれます。

女性ができること

　女性のバースコントロール方法の一つは避妊ピルを飲むことです。それは小さな錠剤で、ちゃんと効き目があるように、毎日忘

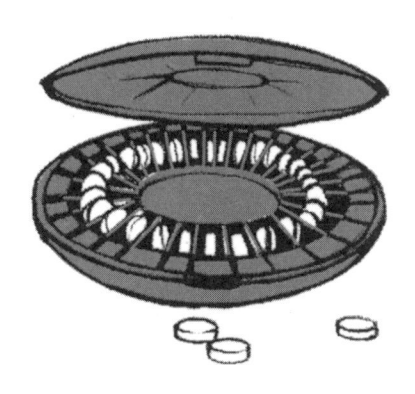

ずに同じ時間に飲まなければなりません。ピルはお医者さんに処方箋をもらった場合だけ手に入れることができます。

　女性が一日でもピルを飲むのを忘れたら、お医者さんに話してどうすればよいか聞くことが大切です。このような場合、彼女はお医者さんに話すまでは、セックスをするなら別のバースコントロール方法を使わなくてはなりません。ピルを飲むのを忘れてセックスをすれば妊娠する可能性があります。

男性ができること
　男性はコンドームを使うことができます。コンドームはセックスの前に男性がペニスに着ける薄いゴム製品です。それは手に手袋をはめるように、ペニスにかぶせて使います。コンドームは小さいビニールのパッケージにくるくると巻き上げた状態で入っています。

　男性はペニスが硬直して、相手の女性が男性を受け入れる用意ができた状態の時にコンドームを着けます。コンドームを着ける前に勃起していなければならないことを覚えておきなさい。

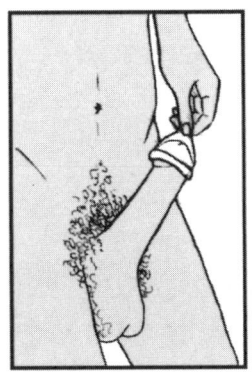

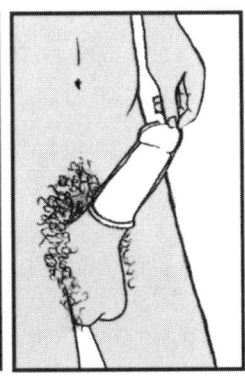

コンドームの先をしぼる	ペニスの付け根までコンドームを巻く	注意深くはずしてゴミ箱へ捨てる

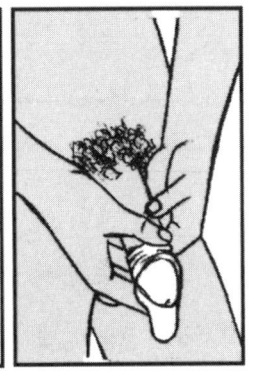

　コンドームを着けるには、男性はコンドームの先を持ってペニスの先端にかぶせ最後まで巻きおろします。男性はオルガスムスに達するとコンドームの中に射精するので精子が女性のヴァギナに入るのを防ぐことができます。

　射精後すぐにパートナーの体からペニスを注意しながら抜きます。このときにコンドームが抜けてパートナーの体内に残ることがないようにコンドームをしっかり押さえていなければなりません。それから男性はコンドームをはずしてゴミ箱に捨てます。セックスをするたびにコンドームは新しいものを使わなくてはなりません。コンドームは薬局やスーパー、コンビニなどで買うことができます。

　男性は家でコンドームを着ける練習をすることもできます。その場合は、自分の家のトイレや浴室、ドアの閉まっている自分の寝室などで行わなくてはなりません。

コンドームは男性が使うものですが、女性でも買えます。女性はセックスをすると分かっているとき、男性が持ってくるのを忘れた場合に備えて、自分でコンドームを用意しておくとよいでしょう。

妊娠を望まなければ、避妊の責任はふたりにあります。セックスをしようと思っているときには、二人がどんな避妊法を使うかを前もって話し合っておかなくてはなりません。

避妊法で完全なものはありません。つまり、女性がピルを使っても妊娠する可能性はあります。男性がコンドームを使っても女性が妊娠する可能性があります。しかし、たいていの場合、お医者さんが認めている避妊法を使えば、女性が妊娠することはないでしょう。

女性が妊娠した最初のしるしは生理がなくなることです。もし妊娠したと思ったらどのように体に気をつけたらよいかお医者さんに相談することが大切です。

性的感染症（性病）とエイズ

すでに感染している人とのセックスによって移る重大な病気があります。ＳＴＤと呼ばれる性病は健康に重大な影響を及ぼします。

ＨＩＶはエイズの原因となるウィルスです。エイズもウィルスを持っている人とのセックスによって女性や男性が感染する重大な病気です。性病の中には薬を服用すれば治るものもあります。しかし、今のところエイズを治す方法はありません。ですから男性も女性も感染すれば死ぬ可能性があります。

感染している人とのセックスとほかのことでもＨＩＶやＳＴＤに感染する場合があります。性行為をする前にＨＩＶやＳＴＤについてお医者さんに聞いておくことが大切です。

ＳＴＤやＨＩＶからおたがいを守るためにできることがあります。コンドームは男性の精子が女性のヴァギナに入るのを阻止することで女性を守りますし、ペニスを覆うことで男性を守ります。

セックスの際に男性がコンドームを使わなければ、ＳＴＤやＨＩＶは相手に伝わります。つまり、男性が保菌者であれば女性に移りますし、女性が保菌者の場合は男性に移してしまいます。

もし私が一人の人とだけセックスをし、またその人も私とだけセックスをし、どちらもＳＴＤやＨＩＶを持っていないときは、私がその人から病気を移されることはありません。

ＳＴＤやＨＩＶに感染している人でも、病気にかかっているように見えない場合がありますが、コンドームをしなければ決して安全ではありません。その人が病気に気づいてないかもしれないのです。

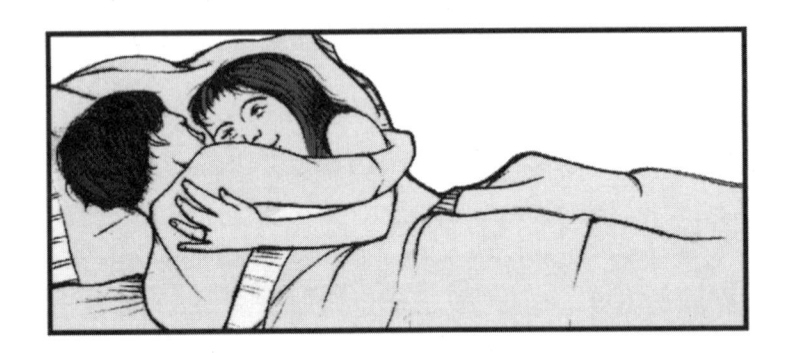

ＳＴＤに感染すると、男性の場合はペニスか陰嚢に、女性の場合は外陰部に潰瘍かイボができます。体のこれらの部分にイボや発疹のある人とは絶対にセックスをしてはいけません。安全を第一に考えて、このような人の陰部に触れることもしてはいけません。

　ＳＴＤやＨＩＶに感染してもすぐに分かるわけではありません。ですからセックスのたびにコンドームを使わなくてはいけません。誰でも自分を守らなくてはいけません。

　もしあなたが性行為によって病気にかかったと思ったら、お医者さんに診てもらいなさい。そうすれば検査をして調べてくれます。

　これまで話したように、セックスを行うと決める前に考えなくてはいけないことがたくさんあります。いろいろな情報を知っておくことが安全かつ健康でいることの秘訣なのです。

第6章

肉体関係と結婚

As a boy or girl gets older they might decide that they want to spend more time with a special person that they like or have romantic feelings for. The person might ask the other person out on a date. It takes courage to ask!

Sometimes, two people may like each other so much that they only want to date each other and no one else. They might decide to call each other "boyfriend" and "girlfriend." They are then in a relationship. Both people have to agree to this.

こんにちは、ジムとジャンです。今度は結婚、デート、肉体関係について話しましょう。

多くの若者が大人になるのを待ちきれません。大人になってゆく時はすばらしい時期であると言えます。大人になると人はより多くの自立するすべを学びます。自分の生活については自分で決めます。家を出て職に就き結婚をする人もいます。この章では男性と女性にとって性がどんな意味を持つのかを話しましょう。

男性や女性が成長すると、自分が好きなあるいはロマンチックな気持ちを感じる相手ともっと一緒にいたいと思うことがあります。その人は相手をデートに誘うでしょう。どちらからデートに誘ってもよいのです。どちらが誘うかは問題ではありません。誰かをデートに誘うのには勇気がいるので、ドキドキするかもしれませんが、これは当たり前です。

　ジムとデートに出かけるときは、自分を魅力的に見せることが私にとっての重大事です。ジムもまた自分が魅力的に見えることが重要だと思っています。

　私はさわやかな匂いがするように、シャワーかお風呂に入ってからデオドラントをつけます。私はときどき香水をつけることもあります。ジムもコロンを使うことがあります。私は髪をとかし歯を磨

くのを忘れないようにします。私はお気に入りの服を身につけるのが大好きですし、ジムもそうです。

ジムと私がデートに出かけるときは、映画を見たり、すてきな場所を散歩したり、パーティーに行ったり、友人たちと一緒に外で食事をしたりして楽しみます。それはおたがいに相手を知る良い機会になります。

時々、二人が相手をとても好きになって他の人とはデートをしないことがあります。そうするとおたがいを恋人と呼ぶようになるでしょう。(あるいは相手をパートナーと呼ぶこともあります)そうなると二人は特別な関係になります。二人の両方が同意することが必要です。ジムと私は相手とだけデートしています。

デートをしているうちにおたがいにますます好きになって相手を

恋していると言う人たちもいます。恋がどんなものでどんな気持ちになるのか正確に説明するのはとても難しいです。恋はとても好きになった誰かに対して抱く特別な感情だと言えます。人が恋をしているかどうかを知るには時間がかかります。二人の人が初めて出会った時には彼らは恋をしていません、なぜならおたがいのことをよく分かっていないからです。

　誰かを愛し、その人もあなたを愛していると知るのはすばらしい気分です。愛し合っている者どうしが一緒にいるとおたがいにとてもハッピーです。彼らはいつも一緒にいたいと思っています。愛し合っている人たちは相手の喜ぶことを言ったりしたりして愛し合っていることを示します。

　愛し合っている大人の中には結婚を決意する人たちもいます。結

婚はとても重大な約束事です。結婚しようと決めることは、残りの生涯を共に過ごすと約束することです。結婚生活には困難なこともあります。

夫と妻が口げんかをしたり、おたがいにうまくやってゆけない思うのは珍しいことではありません。でも、それがおたがいにもう愛しあってはいないということではないのです。結婚生活には難しいこともあるのです。

ジムと私が恋人としてつきあっているうちに、私たちは親密になり、寄り添って抱きあいキスをするようになりました。

ジムにとっても私にとっても愛しているので寄り添っているのはよい気分です。おたがいに相手に触れたくなることもあります。おたがいの大切な部分に触れたくなることもあるでしょう。これは自然で当たり前のことです。ジムに触れられたり、彼にさわったりするのはドキドキするようなすてきな気分です。これは人に見せてはいけないことなので、このようなことを私たちは人目につかないところ（プライベートな場所）で行います。

ジムと私は性行為（セックス）をすると決心する日が来るかもしれません。これは重大な決定で、二人ともがそのことに同意していなければなりません。セックスはたがいに愛し合っている人たちだけが行ってよい行為です。セックスは絶対に人に見られないようにします。

　セックスを行う前に、たがいに服を脱がせてキスをしたり触れたりしたくなる人もいます。相手に触れ、キスをし、男性のペニスや女性の乳房、クリトリスなどの陰部をさわりたくなるかもしれません。これは二人にとって快く、興奮してくるでしょう。

　このように興奮すると体に変化が表れます。男性のペニスが固く、大きくなります。これが勃起です。

　女性がこのように興奮すると乳首が固くなりヴァギナからぬるぬるした液体が出てくることに気づくでしょう。外陰部が濡れたような感じがします。これは女性の体が、よい気持ちになったことを示しているのです。このような状態になればおたがいの体にセックスの準備が整ったのです。

　セックスは、男性がペニスを女性のヴァギナに挿入します。女性は相手のペニスをヴァギナに入れてほしいと思います。ペニスがヴァギナの中で前後に動くように二人で体を動かします。二人とも快い気持ちになるはずです。セックスをしてよい気持ちにならないときは相手にそういわなければなりません。相手に痛みを感じさせるようなことはやめなくてはなりません。

セックスをするとオルガスムスを感じることがあります。男性がオルガスムスに達するとミルク色の液体がペニスの先からほとばしるように出てきます。これは射精です。ミルク色のものは精液です。

女性がオルガスムスを感じるとヴァギナの筋肉の動きがとても早くなり、その後ゆるみます。オルガスムスを感じるのはとても快い気持ちです。オルガスムスに達すると人はとてもリラックスし、それから興奮がしずまります。

セックスは愛し合っている者どうしが二人だけで人目につかない場所（プライベートな場所）にいるときだけ行ってよいとても大切な行為です。

私たちはこれまで男性と女性の間でのセックスについて話してきました。しかしながら、男性の中には他の男性にロマンティックな感情を抱き、その人とだけ性的な関係を持ちたいと思う人たちもいます。これはゲイと呼ばれます。女性の中にも他の女性にロマンティックな感情を持ち、その人とだけ性的な関係を持ちたいと望む人

たちもいます。これはレスビアンです。ゲイやレスビアンの人たちはホモセクシュアルと呼ばれます。

　誰かがあなたと無理にセックスをしようとするのはいけないことです。これは大事なことなので覚えておいてください。誰かと無理矢理にセックスするのは法律に違反していることで、刑務所に送られることもあります。あなたが望まない誰かがあなたとセックスしようとしたら絶対に「いやです！」と言いなさい。

　セックスはまたとても大切なことだということも覚えておきなさい。それは愛し合っている者どうしがおたがいを身近に感じる一つの手段ではありますが、セックスだけが身近に感じる方法ではありません。セックスは誰とでも行ってよいものではなく、とても親密な間柄の場合のみ行えることです。

セックスをすることで誰かに愛してもらったり、友達になってもらうことはできません。私がセックスをするだろうと期待して私の周りにいるのなら、その人は私の本当の友達ではありません。セックスをしないなら嫌いになるとか、愛してやらないなどと言う人がいるかもしれません。そんなことを言われたからといってその人とセックスをしてはいけません。私はとても大切な人間なので、私が良い人間だからみんなが私を好きになってくれるのであって、もしかしたら私がセックスをするだろうという理由で私を好きになってくれるのではありません。

セックスをしないことを選ぶ人たちもいます。これもかまわないのです。これは禁欲と呼ばれます。一度もセックスを経験したことのない人はヴァージン（処女あるいは童貞）と呼ばれます。

セックスを望まない人にはいろいろな理由があります。結婚するまでセックスはすべきではないと思っている人もいます。宗教や道徳的な理由でセックスをしない人もいます。

セックスは二人にとってすばらしい経験でもあります。愛し合っている二人のセックスはとても大切なことです。セックスをする方を選ぶと、その結果として起こることがあります。

一つは、女性はセックスの結果

妊娠する可能性があることです。もう一つは、性病にかかっている人とセックスをすると性病に感染するおそれがあります。この二つはとても重大なことなので、セックスをすると決める前に知っておかなくてはなりません。

　セックスについて疑問があれば、ためらわずに親かお医者さんかあなたが信頼できる誰かに、説明してくれるように頼むことを忘れないようにしましょう

第7章

性的被害について

There are some people who do not obey the law, and abuse people sexually. Sexual hurting happens when someone does something or says something that hurts another person's feelings or hurts their body. It means forcing.

Sometimes strangers sexually hurt people. This is one reason why I never touch or hug a stranger. I never go anywhere with a stranger, even if they know my name, or where I live. Sometimes people get hurt by someone they know.

こんにちは、ジムとジャンです。今度は性的被害について話しましょう。

私たちのからだは自分自身のものです。からだにとって何が気持ちよいかを決めるのは私たち自身です。自分のからだに起きることをコントロールできるのは自分だけです。つまり、たがいにそれをしたいと望まない限り、誰も他人のからだのどこにも触れることは許されません。あなたが望まなければ、どんなときでも誰もあなたのからだに触れてはいけないのです。これは法律で決まっています。

人が誰かを性的に傷つけるには、いろいろなやり方があります。誰かが相手の気持ちやからだを傷つけるようなことを言ったり、したりすることもあります。つまり、いやがっているのに性的なことを無理強いするのです。

性的被害には次のようなものがあります。
- 相手に服を脱ぐように強要して裸の写真やビデオを撮る。
- 相手に性的なことを言う。たとえば、私が聞きたくない私の陰部についての性的なこと「ジャン、君の乳房が気に入ったから触りたいね」などと言う。その人はこう言いながらふざけているのだというふりをするかもしれませんが、それは冗談とは言えません。
- 性的な写真やビデオを見せる。たとえば、私がいやがるのに誰かがセックスをしている写真を私に見せること。

- 相手の許可もなく、口や手で相手の陰部を触ること。
- 相手の許可もなく性的な接触を強要すること。つまり、男性が女性のヴァギナや肛門や口などに自分のペニスを挿入すること、あるいは男性が別の男性の肛門や口にペニスを挿入すること。また女性が男性に自分のヴァギナや口にペニスを挿入するように強要する場合、また女性が別の女性の陰部に許可もなく触れる場合もこれに当たります。

誰かがあなたや私に対して以上のようなことのどれを行っても法律に反します。また、私たちが他の誰かにこのようなことを行うことも法律違反になります。

時には全く知らない人が他人を性的に傷つけることがあります。だから私は決して知らない人に触れたり、抱きあって挨拶したりしないのです。また、私の名前や住所を知っている人でも、私の知らない人なら決して一緒に何処かへ行ったりしません。

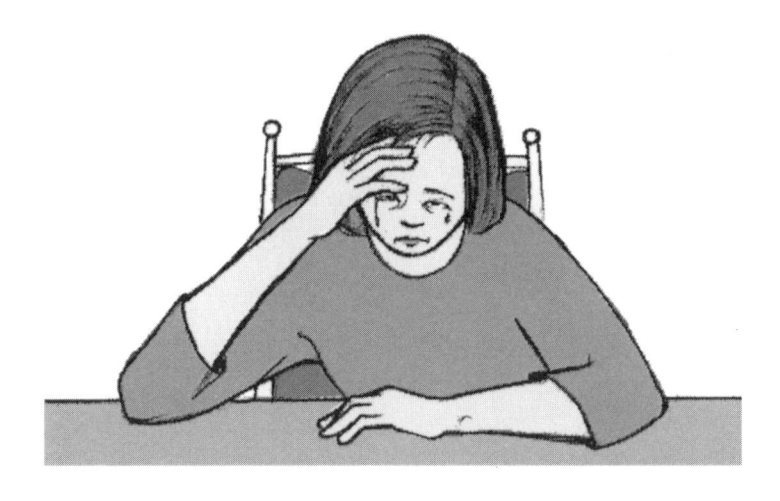

自分が信頼する知り合いの人に性的に傷つけられる場合も多いのです。また、バスの運転手、学校の先生、ベビーシッター、同僚、あなたの友達と称する人や友達の親などから性的に傷つけられる場合もあります。家族の誰か、親、兄弟、姉妹、おじさん、おばさん、祖父母やいとこなどから性的被害を与えられることもあります。

　人に性的被害を与える人たちは他の人に知られることをおそれます。だから相手が誰かにしゃべらないように、起こったことを内緒にするようにと言うかもしれません。もし私が性的被害を与えられることがあれば、私は（誰にも言うなと言われても）おそれずに誰かに話します。このようなことを内緒にするのは良くないことです。

　人に性的被害を与える人は、相手に秘密を守らせるためにプレゼントやお金をくれるかもしれません。また、起こったことを人に言

ったら家族や友達を傷つけると脅すかもしれません。自分が性的被害を与えた相手を自分の思い通りにしたいのです。

　なんと言われても、他の人が私に性的被害を与えたら、私はそれを誰かに言わなくてはなりません。

　また、もし誰かが私に性的被害を与えようとすれば、私は「いやです！」と言って、逃げます。

そして誰か信頼できる人にそれを話します。私の身に起こったことを正確に話します。話してよいのです。話しても信じてもらえないときは、私は誰かが私の言うことを信じて私を助けてくれるまで言い続けます。

性的被害は誰にでも起こりうることです。性的被害を受けると惨めな思いになります。怒ったり、怖がったり、悲しんだり、後ろめたく感じたり、恥ずかしかったりするかもしれません。自分が悪かったのだと思うかもしれませんが、そうではありません！　性的被害を受けた場合、あなたが悪いのでは絶対にありません。被害を与えた人が悪いのです。

性的被害を受けている人を助けてくれるところがあります。誰かがあなたを性的に傷つけようとしたら、親かお医者さんか学校の先生のようにあなたが信頼できる人か警察にそれを話しなさい。誰にもあなたを性的に傷つける権利はないのです。

第8章

マスターベーションとプライバシー
＜女の子の場合＞

A private place is a place where I go to be alone. Usually there are doors to get into a private place. I have to knock on the door if it is closed and ask if I can come in if I want to go there. My bedroom is a private place to go.

A public place is a place where there are other people around me. I don't have to knock on a door and ask if I can go into a public place. Some public places are schools and malls and swimming pools. Even the kitchen is public!

こんにちは、私はジャン。第3章(「女の子」から「女性」へ)で、私たちは女の子が成長するにつれて起きる女性のからだの変化について話しましたね。陰部も含めて女性のからだのいろいろな部分について話しました。この本ではあなたにとって非常にプライベートで、他人には隠しておくべきことについて話しましょう。マスターベーションについてです。

　女の子の体は特別なものです。体にさわったりなでたりするとよい気持ちです。陰部はとくにそうです。私は私の陰部、ヴァギナやクリトリスや乳房を触りたくなることがあります。これがマスターベーションです。

　何か性的なことを考えるとマスターベーションをしたくなることがあります。性的なことを考えるのは悪いことではありません。一人で考えている分には誰も傷つけません。気持ちがよくなるのでマスターベーションをしたくなることもあります。これもかまいません。マスターベーションは自然で正常なことです。

　女性がマスターベーションをするときは自分の指を使ってクリトリスやヴァギナをこすります。前後や上下、あるいは輪を描くようにこすります。快く感じるようにどのようにして自分にふれてもよ

いのです。

　ぬるぬるした液体がヴァギナから出てくるのに気がつくでしょう。ヴァギナの周囲がぬれている感じがします。乳房がふくらんで、乳首が固くなるかもしれません。これは女性の体が興奮したときの自然な反応です。

　マスターベーションのやり方は人によって違います。私は自分のからだを誰よりもよく知っているので、どうすれば自分が気持ちがよいかわかります。

　マスターベーションをするとオルガスムスに達することもあります。女の子や女性がオルガスムスに達すると、ヴァギナの内側の筋

肉が収縮してから弛緩します。これはとても快い気持ちです。

人はオルガスムスに達するとリラックスして、平静になります。女性の場合はマスターベーションをしてもオルガスムスを感じないときもあります。これもまた変ではありません。

ふつうは私が自分の陰部に触れると快い気持ちになります。クリトリスやヴァギナにさわるととても痛かったり痒かったりしたら、親かお医者さんか信頼できる人に言わなくてはいけません。

マスターベーションをすることはとてもプライベートなことで、人には隠すべきことです。男性も女性も自分の部屋で一人でいるときだけ行うことです。

パブリック（人目につく場所－他の人もいるところ）とプライベート（人目につかない、私的な場所）の区別について話しましょう。どうやって区別するのかですって？こうするのです。

プライベートな場所

プライベートな場所とは、他の人が誰もいない場所のことです。私が一人になれる場所です。プライベートな場所にはふつうドアがついています。ドアが閉まっていたらドアをノックして入ってもいいかどうか聞きます。

どんな場所がプライベートな場所にあたるでしょうか。私の寝室がそうです。私が自分の寝室でプライベートなことをしたいときは、ドアが閉まってカーテンかブラインドも閉じているかどうかを確かめます。

パブリックな場所
パブリックな場所とは、他の人が私の周りにいる所です。パブリックな場所に入る場合はドアをノックして入っていいかどうか聞く必要はありません。学校やショッピングモール、スイミングプールなどもパブリックな場所です。

私の家の中にもパブリックな場所はあります。例えば、台所や居間は私がノックせずに出入りできる場所です。他にもどんなパブリックな場所があるでしょうか？

家の浴室もプライベートな場所です。私が浴室でプライベートなことをしたいと思ったら、ドアが閉まって鍵がかかっているか確か

めます。わかるでしょう？　プライベートな場所はあまり多くはないのです。

　プライベートな場所にいるときには、服を着がえるなどのプライベートなことができますし、バスルームではお風呂に入ったり、トイレを使うことができます。また、リラックスしたり、考え事をしたり、本を読むために一人になりたいときもあります。誰にでもプライベートな時間は必要です。

　どこがプライベートでどこがパブリックな場所かを区別する良い

方法は、あなた自身にこう聞くことです。「私はここで服を着がえるだろうか？」。答えがイエスならそこはたぶんプライベートな場所でしょう。答えがノーなら、そこはパブリックな場所なのです。

　プライベートに見えるけれどパブリックなところにある場所について考えることも大切です。例えばプールの更衣室やお店のトイレなどです。こういうところでは着がえなどのプライベートなことはできますが、マスターベーションをすることはできません。

　私は、ある場所がプライベートかパブリックかはっきりしないときは、親か信頼する人に聞くことにしています。

覚えておきたいこと
　学校や仕事場やショッピングモールなどのパブリックな場所にいるときにマスターベーションをしたくなってしまったら、プライベートな場所で一人になるまでその気持ちをおさえなければなりません。パブリックな場所にいるときには決して陰部に触ったりしません。パブリックな場所でマスターベーションをするのは法律違反になります。また、パブリックな場所でマスターベーションについて話すことも決してしません。相手がマスターベーションについて

話すことに同意するようなプライベートな関係にあるのでなければマスターベーションについて話してはいけません。

　マスターベーションをするのは自分の寝室やトイレで鍵をかけたときだけということを忘れないようにしましょう。それは人に見せてはいけないプライベートで内密なことなのです。

　マスターベーションは自分でできる自然で正常なことです。

第9章

マスターベーションとプライバシー
＜男の子の場合＞

A private place is a place where I go to be alone. Usually there are doors to get into a private place. I have to knock on the door if it is closed and ask if I can come in if I want to go there. My bedroom is a private place to go.

A public place is a place where there are other people around me. I don't have to knock on a door and ask if I can go into a public place. Some public places are schools and malls and swimming pools. Even the kitchen is public!

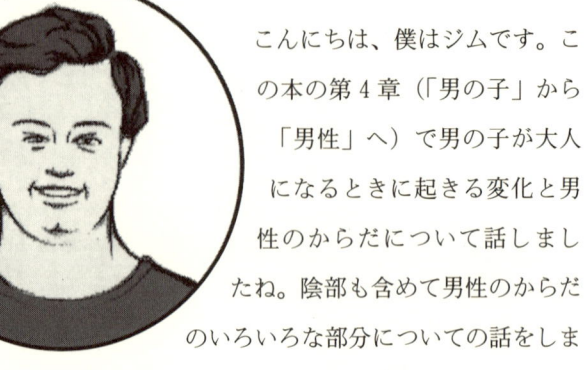

こんにちは、僕はジムです。この本の第4章（「男の子」から「男性」へ）で男の子が大人になるときに起きる変化と男性のからだについて話しましたね。陰部も含めて男性のからだのいろいろな部分についての話をしました。ここではすごくプライベートで他人には隠すべきことについて話しましょう。マスターベーションについてです。

男の子の体は特別なものです。体に触れたりこすったりすると快く感じます。特に陰部に触るとそうです。時々僕は自分のペニスや陰嚢、直腸などの陰部に触れたりこすったりしたくなります。これはマスターベーションと呼ばれます。

性的なことを考えるとマスターベーションをしたくなることがあります。性的な考えや感情を持つのは悪いことではありません。自分だけで思っている分には誰にも害を与えません。気持ちがよくなるというだけでマスターベーションをしたくなるかもしれません。それもかまいません。マスターベーションは自然で正常なことです。

男性がマスターベーションをするときは、ペニスをつかんで上下にこすります。こうするとペニスは大きく、固くなります。ペニスが固くなるにつれて手をだんだん早く動かします。これはとても快い気持ちです。マスターベーションには誰でも自分のやり方があり

ます。僕は自分のからだを他の誰よりもよく知っているので、どうすれば自分が快い気持ちになるか分かります。

　自分の陰部に触れるとたいていよい気持ちがします。僕がペニスや陰嚢に触ったときに痛かったりかゆみがあったりしたら、親かお医者さん、または誰か信頼できる人に話します。これは大事なことです。

　男の子や男性がマスターベーションをするとオルガスムスを感じることがあります。オルガスムスに達すると白っぽいミルク色の液体がペニスの先から出てきます。この液体は精液と呼ばれます。精液には精子が含まれています。精子は赤ちゃんを作るのに必要なものです。射精は男性を快い気持ちにします。

射精をした後でペニスはまた柔らかくなります。オルガスムスに達した後、人はリラックスして静かになります。マスターベーションをしてもオルガスムスを感じない場合もあります。それでも良いのです。

マスターベーションをしようとするときは、僕はトイレットペーパーかティッシュペーパーを手元に置きます。そうすれば精液を拭くことができるからです。シャワーを浴びるときにマスターベーションをするのが好きな人もいます。

マスターベーションは人には見せてはいけないプライベートなことです。人に見られないプライベートな場所に居るときにだけ行ってよいのです。

パブリックな場所とプライベートな場所の区別について学びましょう。どうやって見分けるのでしょうか。その違いを判断するのに役立つことがいくつかあります。

プライベートな場所
　プライベートな場所とは、他に誰も人がいない場所で僕が一人になれる所です。プライベートな場所にはたいていドアがついています。中に入りたいのにドアが閉まっていたら、僕はノックして入ってよいか聞かなくてはなりません。

　それでは、どのような場所がプライベートな場所でしょうか。僕の寝室はプライベートな場所です。もし僕が自分の寝室でプライ

ベートなことをしたいと思ったら、ドアが閉まっていてカーテンかブラインドが閉じているか確かめます。

パブリックな場所

パブリックな場所とは、僕のまわりに他の人たちがいる場所のことです。パブリックな場所に入るときには、ドアをノックする必要はありません。学校やショッピングモール、スイミングプールなどがパブリックな場所です。

僕の家にもパブリックな場所はあります。例えば、台所や居間などは僕がノック無しに出入りできるところです。他にはどんなところがあるでしょうか？考えてみましょう。

僕の家の浴室もまたプライベートな場所です。僕が浴室でプライベートなことをしたいと思えば、ドアが閉まって鍵がかけてあるか確かめます。ほらね、プライベートな場所はそんなに多くはないのです。

プライベートな場所にいるときは、僕は服を着がえるなどのプライベートな行為ができますし、浴室に居るときは、トイレを使ったりお風呂に入るなどのプライベートな行いができます。一人でのんびりしたり考え事をしたり読書をしたりするのに一人になりたい場合もあるでしょう。プライベートな時間は誰にでも必要なのです。

　どこがプライベートでどこがパブリックな場所かを判断する良い方法があります。自分にこう聞いてみるのです。「僕はここで着がえをするだろうか？」。答えがイエスなら、そこはたぶんプライベートな場所でしょう。答えがノーならおそらくパブリックな場所です。

プライベートに見えるけれどパブリックなところにある場所について考えることも大切です。例えばプールの更衣室やお店のトイレなどです。そういうプライベートな場所では僕は服を着がえたりはできますが、マスターベーションをすることはできません。

覚えておきたいこと

僕が学校や職場やショッピングモールのようなパブリックな場所にいるときにマスターベーションをしたくなったなら、プライベートな場所に入るまでその気持ちを押さえなくてはなりません。パブリックな場所にいるときには、僕は決して僕の陰部に触れたりしません。パブリックな場所でマスターベーションをするのは法律に反します。また、パブリックな場所ではマスターベーションについて話をしてもいけません。マスターベーションについて話をしても良いと同意している親密な関係の人と以外は、マスターベーションについて話をしてはいけません。

自分の寝室やドアが閉まっている自宅のトイレなどのプライベートな場所でしかマスターベーションをしてはいけません。マスターベーションはとてもプライベートなことで、人には隠すべきものだ

からです。

　マスターベーションは自分でできる自然で正常なことです。

参考になる本

Making Friends: Developing Relationships Between People with Disabilities and Other Members of the Community（友人を作る：障害を持つ人と持たない人との関係を育てる） – G. Allan Roeher Institute （1990）

The Right to Control what Happens to your Body: A Straightforward Guide to Issues of Sexuality and Sexual Abuse（自分の身に起こることをコントロールする権利：性と性的虐待問題の易しいガイドブック） – G. Allan Roeher Institute （1998）

Vulnerable: Sexual Abuse and People with an Intellectual Handicap（無防備な者たち：性的虐待と知的障害者を持つ人々） – G. Allan Roeher Institute （1988）

Adolescents with Down Syndrome: International Perspectives on Research and Programme Development （ダウン症のティーンエイジャー：研究とプログラム展開の国際的展望） – Carey J. Denholm （ed.） （1991）

Being Sexual: An Illustrated Series on Sexuality and Relationships （セクシュアルであること：性と異性関係の図解シリーズ） – Hingsburger, D.. & Ludwig, S. （1992）

I Openers: Parents ask Questions about Sexuality and Children with Developmental Disabilities （眼からうろこ：発達障害の子供と性に関する親の疑問に答える） – Hingsburger, D. （1993）

Count Us In: Growing Up with Down Syndrome （私たちも仲間に入れて：ダウン症とともに生きる） – Kingsley, J., & Levitz, M. （1994）

Shared Feelings: A Parent Guide to Sexuality Education for children, Adolescents and Adults who have a Mental Handicap （気持ちを共に：知的障害の子供、ティーンエイジャー、成人を持つ親に贈る性教育ガイド） – Maksym, D.E. （1990）

The Young Person with Down Syndrome: Transition from Adolescence to Adulthood （ダウン症の若者：思春期から大人へ） – Pueschel, S.M. （1987）

Changes in You: a clearly illustrated, simply worded explanation of the changes of puberty for boys （あなたの中の変化：分かりやすい図解と言葉で思春期の少年の変化を説明） – Siegel, P. （1994）
Changes in You: a clearly illustrated, simply worded explanation of the changes of puberty for girls （あなたの中の変化：分かりやすい図解と言葉で思春期の少女の変化を説明） – Siegel, P. （1994）

謝辞

　カナダダウン症協会は「ダウン症と性」の一部を転載することを許可してくださった米国ダウン症協会とウィスコンシン大学家族医療部準教授ウィリアム・シュワブ博士に感謝いたします。協会はまたこの冊子の総括や校閲を手伝ってくださった親御さんや専門家の方々にお礼を申し上げます。

　カナダダウン症協会はまた、詩 'Look at Me' の転載を許可してくださったリサ・ミッチェルさんに感謝いたします。彼女はウィニペグに住むダウン症を持つ若い女性です。リサは現在南ウィニペグ・テクニカル・センターでオフィス・オートメーション・コースを受講しています。彼女はまた、演劇クラスもとっており、エアロビクスクラスにも参加しています。リサは昨年夏のレインボー・ステージでは案内係を務めました。

　カナダダウン症協会はこの冊子の出版のためにゴルフトーナメントの収益を寄付してくださった Woodridge Lincoln Mercury Sales Limited と Winnifred Stewart Foundation および人材開発局の夏季職業斡旋プログラムに感謝いたします。

　　　　　　1996年

　　　　　　　　　　　　　　　カナダ・ダウン症協会

＜付＞ダウン症青年の性教育への提唱

愛児クリニック院長・飯沼和三

ダウン症の専門という視点

　筆者は、1994年に東京にダウン症専門クリニックを開業しました。これと似たクリニックは海外に20カ所以上ありますが、日本では初めてのことです。確かに日本各地の医療機関においても、ダウン症の療育をやっていると言っているところがいくつかあります。しかし、そこで関わりをもつ医者に尋ねてみるといいでしょう。一年中ダウン症のことだけを考え、勉強し、診療をしているのかと。これらの医者に、ダウン症以外のいろいろな先天異常症候群の名前をあげると、「アッ、私はそれについても専門です」と言います。ついに10種類以上の先天異常体質について、どれについても「専門医」と言い出すにおよんで、「専門」の定義が誤って使われているらしいことに誰でも気づくことになります。私のクリニックは、本当の意味で、ダウン症の「専門」クリニックなのです。

計画性と持続性を求めて

　クリニックには多数のダウン症児が親に連れてこられます。専門医として、ひとりひとりの人生の幸せを祈ることについては、人後に落ちません。しかし、親の態度を見て、痛感することがあります。育児に熱心にとりかかるのは良いとして、ある程度の期間が過ぎると、まるで気が抜けた風船のようになってしまうことです。乳幼児期に一所懸命に子育てに邁進していた親が、小学校に子どもが就学

した途端に、未来の計画を忘れてしまい、学校のルールに縛られた考えしかできない狭い了見の親に変身してしまうことがあげられます。あと数年したら、どのような子どもに育てたいと思うのかという問いに対して、まだまだ早いと親たちは答えるのが常です。しかし数年などあっというまに経ってしまいます。計画性のない育児の結果は目に見えています。子どもの気持ちなどまったく分からないで、指示だけ出して満悦している親たちも、いずれ難しい思春期問題にぶつかる時、初めて過去の10数年間のさぼりのつけを支払わないとならないのだと思い知ることになります。

性的知識はどんどん持ち込まれている

　ダウン症の子どもたちは、豊かな知的好奇心の持ち主です。性的な変化が身体に生じる前後に、精神面でも性的情報への強い好奇心が生れています。女児ではおよそ10歳前後から、男児では12歳以降から、親には知られずとも、性的知識を探すようになります。

　コンビニエンス・ストアーでアルバイトをしている若者ならよく知っていることです。小学校高学年から中学校にかけてのダウン症の男女生徒が、ひそかに女性の裸の写真が掲載されている週刊誌や写真誌を立ち見していることを。その生徒の傍に寄って、ちょっとでも声をかけると、さっと雑誌を閉じて、足早に店の外に走り出ます。ひそかに覗き見るしかないことを承知しているのです。

　筆者の経験として、ある夏休みの合宿で、宿舎に到着して、通された部屋の三段ベッドの一番上でしばしの休息寝をとった時のことです。どやどやと一団のダウン症の男児らが部屋に入ってきて、なんとエッチな話を始めたのでした。最上段のベッドに寝ていた医者もつい聞き耳をたててしまう猥談で、ちゃんとリーダー役の青年が

いました。こういう形で性教育情報が伝えられることもあるのだと気づかされた実体験です。

性をめぐる騒動

　これはある養護学校高等部のダウン症男子生徒の話し。通学バスの中で見初めたかわいい近所の女子高生に恋心を燃やしたことはわかる。その女子高生が親切な応対をしてくれたことはよろしい。ダウン症のその高等部生徒は、欲望がつのるばかりでどうしたらよいかわからなくなり、ついに思い切った手段に出てしまった。その女子高生の帰路を待ち伏せして、前にたちはだかると、いきなりがばっと土下座して、「あなたが好きです。御願いです。あなたのお＊＊＊を見せてください」と言いました。もちろん、このダウン症生徒の所属する校長先生の部屋に電話連絡が入り、教職員も家族も総出の大騒ぎになってしまいました。筆者はすぐにその騒動にアドバイザーとして呼ばれましたが、何も言えませんでした。しかし、双方が傷ついたことは確かなことでした。

　ある年の合宿の夜、ちょっとアルコールをきこしめした温厚な父親が、ふと私に尋ねました。「ねえ、先生。うちのダウン症の息子はそろそろ成人の年を迎えようとしています。でもこれから先、いくら考えても息子がもてるわけがない。ということは女性の肉体を知らずに一生を終えてしまうことになります。昔の成人式では、男の子は童貞を捨てるために赤線地帯の店に連れていかれたそうですね。先生、その考えは間違っていますか」と言われて、「先生」はまさにしどろもどろになってしまいました。今なら、性教育をまず与えることが大事だと言えますが、その当時、性教育の材料ひとつをとっても、存在しなかったのです。

教育の目的はコミュニケーション

　ダウン症の人たちの平均寿命も長くなってきました。わが国の70年代での調査によれば、50歳以上だろうということです。カナダやデンマークなどの海外諸国の調査でも、55歳前後だと言われます。それだけの年数のスパンを生涯時間とすると、一体どういうイメージでダウン症の人たちは人生を送ることになるでしょうか。このような肝腎な事柄になると、親たちは突然寡黙になってしまいます。これではしっかりと地に足がついた長期計画など想い描くことはできません。療育という関わりは、乳幼児期に開始されますが、その時から既に生涯計画への密接な関わりが始まっています。

　ダウン症の子どもたちの性格は均質ではありません。むしろ実に個性豊かで、多様性に富んでいると言えます。生涯計画は、その個性に応じて立てられるものです。それでも総説的には、共通の課題が浮上してくるはずです。それは「コミュニケーション」という課題です。自分の気持ちを相手にできるだけ正確に伝えることを指します。同時に相手の気持ちを理解することも含まれます。このためにダウン症児の療育が重要視されていると言ってもよいくらいです。ダウン症の青年がどんなに性的衝動の影響下にあったとしても、「コミュニケーション」の能力が活用できているならば、おそらく社会的に受け入れられるような行動がとれているはずです。

　これは青年期だけの問題に限定されません。成人・老人期に家族から離れて、知的障害者収容施設に移されて生活をすることを余儀なくされた時、どれだけの「コミュニケーション」能力が要求されることでしょうか。体験的にこうした施設を訪問見学して、その仔細が議論されることが望ましいと思われます。なぜなら、いかに清潔にして能率のよい施設をつくっても、そこに収容される知的障害

の成人たちの意向が取り込まれていない間は、入れ物だけが立派で魂がないというそしりを免れないからです。実際、目にみえない牢獄としての機能をもつ知的障害成人収容施設に生活するダウン症の大人の気持ちを類推してみれば、いかに「コミュニケーション」の能力が必要であるか、説明するまでもないことです。

人権教育をする

　人権思想の立場からも、知的障害者の性の問題は、明確に位置づけされていないとなりません。すなわち、他人の視点で、性の行動が左右されることは絶対にあってはならないということです。今でもダウン症の娘が成人するにつれて、親からの質問が増えてきます。いわく、「娘がいつか性的いたずらをされて妊娠してしまうことを考えると、今のうちに断種手術を受けておいた方がよいと思いませんか？」というものです。親の気持ちとして、金輪際、ダウン症の青年が性を享楽することなど、論外という言葉もあります。これをどう受け留めたらよいでしょうか。

　オーストラリアのダウン症協会発行雑誌にも、この議論が掲載されていました。そしてその結論として、ダウン症の人は立派に独立した人格であり、その人格が尊厳性をもって、自己の性的欲求に従って社会的に許されたマナーで、その表現をするのに対して、それを禁止する道理など毛筋ひとつもないというものでした。性行動を制限するのは、公序良俗に違反した時だけです。性を体験することは、人間としての権利のひとつです。ダウン症の人が性的な欲求を抱くことを悪とするべきではありません。社会的に許されたルールの範囲内で、その欲求を実現させることを悪と決めつけるべきではありません。ダウン症というラベルが貼られない倫理的・人道的な

取扱いです。したがって、断種手術は、何か特別な当人からの強い要望がない限り、合法的でありえません。

　むしろ妊娠する可能性があるダウン症の女性という観点から、生活の管理をしっかりとしてもらうことを目指します。生理出血の後始末だけでなく、その記録をつけて、自己管理をできるようにさせることや、妊娠のメカニズムについて十分な知識を有し、いざ妊娠した場合、それが即座に後見人の立場にある人に伝わるようにすることが大前提となります。まさしく信頼関係がある人との「コミュニケーション」が大事であることが示されています。

　ある報告によれば、知的障害者が収容されている施設において、生涯にわたりレイプや性的いたずらの被害を受ける確率は80％にのぼるという統計があります。これなども保護者との人間的な信頼関係があれば、幾分かでも防止され、あるいは早期発見して再発防止、深刻な問題化をふせぐことができようというものであります。

デート実践教室の提案

　私のクリニックにおいては、ダウン症の青年と成人向けに性教育の一貫として、デートのチャンスを提供するシステムを企画構築しています。これはダウン症の青年たちが、異性とのデートを実地体験させるプログラムです。参加者は、当事者であるダウン症の男女青年ふたりと、それぞれの家庭から出された後見人ふたりから成り立ちます。あらかじめ登録された青年たちの両家で、事前に打ち合わせをして、デートをする日時を決めます。当日、約束通りにふたりが出会います。そばに影のように後見人がつきそいますが、絶対に無用な差し出口をきいてはなりません。計画に沿って、デートは進行します。途中で思わぬ齟齬があった場合に、後見人が援助する

のは許されます。無事にそれぞれが自宅に帰って、そのプログラムは完了となります。

　くりかえしくりかえしデートの体験を重ねて、次第に社会的な行動の裏には、ジェンダーとしての性の機能が期待されていることに気づいてもらいます。レストランや映画館での支払の仕方や交通機関の使い方、時刻表をとりこんだ予定の立てかたなどを学びますが、同時に、男女の交際に伴う道徳を直に学んでもらいます。手を握るとか、キスを求めるとか、性的欲求の気持ちを相手を傷つけないように伝える方法を考えてもらいます。それには、親たちの体験も参考になることでしょう。こうした交流はあくまでも擬似体験的なプログラムとして遂行されます。同じダウン症の青年たちが出会うチャンスは、現実にはあまりあるとは言えませんが、こうした組織活動体があれば、容易に実現することでしょう。

　本当の未来の配偶者候補と出会うチャンスは当人が努力しないと実現しないことを教育します。結婚したいなら、そのために何をしなければいけないかをしっかりと当人に教えます。

　成人の世界とは、一面では男女の道徳をわきまえた行動ができるかどうかが絶えず見張られている社会です。

　カナダの国のことですが、現在までにダウン症の成人が結婚して子どもを生み育てているという事例があります。ダウン症同士の結婚で、ダウン症の赤ちゃんが生まれた家庭もあります。もちろん、支援グループがあってこその事例です。知的障害者の性を認めるならば、随伴するもろもろの可能性についても十分な配慮をして、準備をしておくことは大事です。正しく性教育の存在意義を認めて、成人教育を実施するように導かれることが、本道を行くことになると思われます。

ダウン症者の思春期と性
<原題>
SEXUALITY, RELATIONSHIPS AND ME

2004年3月10日発行
2011年2月25日第2刷

編 者　カナダ・ダウン症協会
訳 者　阿 部 順 子
監修者　飯 沼 和 三
発行者　山 脇 洋 亮
印 刷　亜細亜印刷（株）

発行所　東京都千代田区飯田橋　㈱同 成 社
　　　　4-4-8 東京中央ビル内
　　　　TEL 03-3239-1467　振替00140-0-20618

©Canadian Down Syndrome Society 1996.　Printed in Japan
ISBN978-4-88621-288-7 C3037